像马一样思考

一个非传统牛仔的人生经验、领导力和同理心

[美] 格兰特·古利赫（Grant Golliher）著
陶尚芸 译

Think Like a Horse

Lessons in Life, Leadership, and Empathy
from an Unconventional Cowboy

机械工业出版社
CHINA MACHINE PRESS

本书通过作者几十年的驯马经验和故事，讲述了"像马一样思考"的人生哲学。促使我们在反思自己的错误时，认识到自己有潜力变得更好，甚至承认自己内心深处隐藏的恐惧和创伤；促使我们将学到的经验教训运用到工作和生活中，以帮助我们成为更高效的领导者，成为孩子眼里更优秀的父母，帮助我们抚平创伤或克服上瘾症、原谅疏远的亲人、面对恐惧、建立信心或找到生活中的激情。如果我们能把"像马一样思考"当作一种哲学，并抓住核心，反复温习，那么，它会引导我们在多数情况下找到正确的解决方案。

Copyright © 2022 by Unbridled Horses, LLC

Penguin supports copyright.

First published as Think Like a Horse: Lessons in Life, Leadership, and Empathy from an Unconventional Cowboy in 2022 by G. P. Putnam's Sons. G. P. Putnam's Sons is part of the Penguin Random House group of companies.

由机械工业出版社与企鹅兰登（北京）文化发展有限公司 Penguin Random House (Beijing) Culture Development Co., Ltd. 合作出版。

"企鹅"及相关标识是企鹅兰登已经注册或尚未注册的商标。
未经允许，不得擅用。
封底凡无企鹅防伪标识者均属未经授权之非法版本。

北京市版权局著作合同登记　图字：01-2022-5760 号。

图书在版编目（CIP）数据

像马一样思考：一个非传统牛仔的人生经验、领导力和同理心／（美）格兰特·古利赫（Grant Golliher）著；陶尚芸译. — 北京：机械工业出版社，2023.6
书名原文：Think Like a Horse: Lessons in Life, Leadership, and Empathy from an Unconventional Cowboy
ISBN 978-7-111-73088-0

Ⅰ.①像…　Ⅱ.①格…②陶…　Ⅲ.①企业领导学　Ⅳ.①F272.91

中国国家版本馆 CIP 数据核字（2023）第 086075 号

机械工业出版社（北京市百万庄大街 22 号　邮政编码 100037）
策划编辑：坚喜斌　　　　　责任编辑：坚喜斌
责任校对：牟丽英　张　薇　责任印制：单爱军
北京联兴盛业印刷股份有限公司印刷
2023 年 7 月第 1 版·第 1 次印刷
145mm×210mm·8.125 印张·1 插页·124 千字
标准书号：ISBN 978-7-111-73088-0
定价：59.00 元

电话服务　　　　　　　　　网络服务
客服电话：010-88361066　　机　工　官　网：www.cmpbook.com
　　　　　010-88379833　　机　工　官　博：weibo.com/cmp1952
　　　　　010-68326294　　金　书　网：www.golden-book.com
封底无防伪标均为盗版　　　机工教育服务网：www.cmpedu.com

谨以此书献给新一代的领导者

照片由克里斯·道格拉斯（Chris Douglas）提供。

像马一样思考

照片由格兰特·古利赫提供。

INTRODUCTION
序 言
我从马身上学到了
我真正需要知道的一切

"我知道,你在帮助不善于驾驭马的人。"

"不,女士,我没有……恰恰相反,
我在帮助不善于'驾驭'人的马。"

——尼古拉斯·埃文斯(Nicholas Evans),
《马语者》(*The Horse Whisperer*)

像马一样思考

序言 我从马身上学到了我真正需要知道的一切

从小到大，我最好的朋友都长着四条腿和两只大耳朵。我的父亲在帕利塞德的桃园养骡子。帕利塞德是科罗拉多州西部的一个小镇，落基山脉在那里通向犹他州的沙漠。

11岁时，我的任务是"驯服"骡子——与驯马一样。驯马是一项古老的技术，意思是驯服马接受马鞍、缰绳和骑手。顾名思义，这项任务不是轻轻松松就能完成的。驯服的意义在于让身体强壮且体型庞大的动物顺从骑手的意志、听从骑手的指挥。或者，就像我父亲说的："让它们知道，谁才是老大。"

父亲用缰绳紧紧地牵着小骡子，我能感觉到小家伙们的恐惧。当它们惊慌失措地在桃树间逃窜时，我会爬到它们的背上，拼命地抓着缰绳不放。难怪它们会害怕呢。对于野生动物来说，唯一可能骑在它们背上的是美洲狮。我也害怕呀，这是有原因的。很快，我就会从骡子的背上摔下来，弄得遍体鳞伤——要么被树木刮伤，要么被扔在坚硬的地面上，还被风吹得晕头转向，都快喘不过气了。

IX

像马一样思考
一个非传统牛仔的人生经验、领导力和同理心

不久，我就了解到关于骡子的一些重要信息。如果它们觉得做某事会伤了自己，你怎么强迫它们也没用。特别是，如果你是一个骨瘦如柴的小孩，体重还不足 60 磅（1 磅 =0.4536 千克），那就更不要招惹它们了。所以，我得想办法跟它们合作。另外，我不喜欢父亲的驯骡方法——依赖它们的疼痛和恐惧感。这实非明智之举。

"踢它们的肚子，引起它们的注意。"父亲命令道。

这让我很不爽。所以，我试着和骡子们做朋友，研究它们的脑中所想，想办法说服它们与我合作。我从我最喜欢的小马斯基特身上学到的第一招是，如果我在它那又大又黄的耳朵后面挠痒痒，它就会低着头，想要我多挠一会儿，此时，我便可以悄悄地将一条腿跨过斯基特的脖子。等它抬起头来，我就顺势滑下去，坐在它的背上。我骑着它，既不用马鞍，也不用缰绳。当我想让它停下来的时候，我就会身体前倾，用胳膊搂住它的脖子。

我驯骡的方式比较传统。信任、耐心、坚定、善良和尊重，是我对待小骡子的基本原则，也是我一生工作的基础。这些原则不仅适用于我的四条腿朋友（马），还守候着我的两条腿的朋友（人）。

事实证明，像马一样思考可以教会你很多做人的道理。

做马的学生

如果有一天你对我说我的工作重点最终会从"研究马"变成"研究人",我绝对不会相信。我真没想到,后来我竟然会写书,向高管、教练、家长、政治家、法官等人传授领导力法则。我儿时的梦想是成为一个山地人,就像我喜欢的书中的传奇人物一样。我要和我的马一起生活在荒郊野外,以打猎、钓鱼、诱捕为生。我一贯不爱跟人相处,更喜欢与动物打交道。

当我回想起我的童年经历时,这种貌似奇怪的性格倾向就能说通了。我的母亲曾经苦苦挣扎于有自杀倾向的抑郁症,最终还是选择了结束生命。我的父亲早年是一个严厉的人,他既不知道如何奉献爱,也不知道如何接受爱。他从来没有虐待过我和我的三个兄弟姐妹,但他非常挑剔,他几乎没有时间和耐心照顾我们。我在很大程度上是在无人监督的情况下长大的,我现在明白了,自己的童年近乎"无人教养"。没有人阻止我在水流湍急的灌溉渠中游泳,没有人阻止我在高高的平顶山上攀登险峻的悬崖小径,也没有人阻止我在荒野中露营,我只有骡子作伴。19岁那年,我给一头叫凯特的骡子套上马鞍,把背包装在另一头叫杰克的骡子上,开始了沿着大陆分水岭向北前往加拿大的旅程。

我的旅程止步于怀俄明州,我在那里的一家农场找到了一份工作,开始过上了牛仔的生活。就是在那里,我邂逅了我的第一任妻子洛克,她是一位才华横溢的女骑手兼音乐家。起初,我们一起在国际马球俱乐部生活和工作;后来,我们相继在得克萨斯州、加利福尼亚州、堪萨斯州、爱达荷州等地的农场生活和工作;最后,我们又回到怀俄明州。我对马的热爱从未动摇过,在别人眼中,我是一名优秀的驯马师,但我大多数时候使用的还是古老的驯马术,即依靠武力让马产生恐惧感,并恐吓和反复鞭挞它们。我不是故意这么残忍——那些以这种方式与马打交道的人通常都不残忍——但我不再是那个和骡子交朋友的小男孩了。我失去了我曾经拥有的天生的敏感性。驯马是我的谋生之道,为了能在牧场、马球场或竞技场上获得训练有素、温顺听话的马匹,我做了一切必要的事情。而我还没有学会如何像马一样思考。

一天,有人把我介绍给了驯马师雷·亨特(Ray Hunt),从此,一切都变了。雷让我想起了小马斯基特教给我的东西:骑手可以给马套上马鞍,但不必摧毁马的意志。事实上,这可以用完全相反的方法来实现:任凭马行使自己的自由意志,并创造一个促使马乐意与骑手合作的环境。

有人把这种驯马方式称为"自然马术",也有人称之为

"马语"。其实这并没有听起来那么神秘，这种驯马方式只是意味着了解马的大脑是如何运作的，然后利用这些知识来培养一种基于相互信任和尊重、建立公平意识和明确边界感的自愿合作伙伴关系。换句话说，就是像马一样思考。这是一种微妙的交流方式，通过肢体语言和巧妙地施加压力和释放压力来实现。这种方法如此有效，就像魔法一样，但其实可以归结为坚持应用一些简单的原则。

我从雷身上学到了做人的原则，后来又从雷的导师汤姆·多伦斯（Tom Dorrance）和另一位伟大的骑手汀克·艾洛迪（Tink Elordi）那里学到了为人处世的哲学，我再次做到了"以马为师"。后来，我和洛克分开了，又遇到了简，她最终成为我的第二任妻子。我和女儿塔拉搬到了怀俄明州，住在蒂顿山脚下杰克逊霍尔以北的钻石十字农场。正如我常说的，我是个幸运的牛仔，我赶上了好运道，娶到了农场主的女儿。这片美丽的土地，以及我在婚姻中找到的避风港，将成为我领悟人生真谛的背景场。

这样的开始纯属偶然。当时有人问我和简，是否有兴趣举办一场私人竞技表演来招待微软的300名高管。于是，我们雇了当地的牛仔来表演骑公牛和骑马，以及参加绕桶赛（女子马术竞技比赛）。由于观众很喜欢这场活动，而且我们一晚上赚的钱比我们整个夏天骑马赚的钱还多，于是，其他的骑马团队也纷纷效仿我们的做法。我开始在活动中演示"马语"，使用我将在本书中与你们分享的原则，结果得到了意想不到的反响。事实证明，人们从这些小型活动中得到的远不止娱乐。我们收到了一连串的信息，告诉我们这些原则对个人生活和职业生涯的影响是多么强大。

有一位CEO写道："我不仅学会了如何成为更好的领导者，还学会了如何成为更棒的家长。"

"这真的改变了我与我的团队互动的方式，"有一位经理说，"我学会了要少一些挑剔、多一些耐心，奖励不起眼的小小进步，帮助队员们走向成功。"

如今，来自世界各地的各类游客光临我们的牧场，学习领导力、团队合作和沟通技巧。我在本书中记录了他们的一些故事和很多关于马的故事，能够认识他们（它们）真是三生有幸（为了保护故事中人物的隐私，有些例子中用的是化名）。说到底，我只是个驯马师，不是管理顾问，更不是心理医生。我经常在想：作为一个只受过高中教育的牛仔，是什么让我有资格给这些成就斐然的领导者上课呢？事实上，是马儿们在教课，我只是试着给它们"当翻译"。

有一次，我在想到自己有幸在人生道路上另辟蹊径时便打开了《圣经》，其中的"人子啊，你要设比喻"㊀立刻

㊀ 《以西结书》第17章第2节。

打动了我。我相信这些马确实提供了类似于比喻的东西。当人们看到我和马一起工作,或者读到我的驯马故事时,他们也可以理解自己的所见所闻,并洞察自己的人生真谛。他们发现自己在反思自己的错误,认识到自己有潜力变得更好,甚至承认自己以前隐藏的恐惧和创伤。他们学到的经验教训既可以帮助他们在工作中成为更高效的领导者,也可以帮助他们成为孩子眼里更优秀的父母。马的励志故事还可以帮助一些人抚平创伤或克服上瘾症、原谅疏远的亲人、面对恐惧、建立信心或找到生活中的激情。

在从事驯马工作的几十年里,我一次又一次地看到这项工作如何改变了人们,而且总是朝着好的方向发展。我看到,强硬而麻木不仁的人变得温柔和善解人意,胆小怕事的人变得坚定和自信,骄傲自大的人变得谦卑和恭敬。如果这些变化都没有发生,我会告诉当事人,他们的问题出在了哪里。他们只是在这面叫作"马"的镜子里看到了自己的影子,然后便端详起来。

在与前来农场的游客们分享我的所有经验的同时,我自己也受益良多。我很荣幸能与商界和政界的一些重要人物共事,从我们的谈话和通信中,以及他们在农场与团队互动时的观察中,我汲取了许多宝贵的经验和智慧。我一次又一次地被他们领导公司的方式和我在驯马时学到的原则之间的相似性所震撼。我在本书中分享的这些原则,都是我从所有

XV

熟识的重要人物的例子中受到启发而得出的结论。无论是重要人物，还是马，都是我的灵感来源。

看一场布道

如果你想知道把驯马的方法应用到人类身上是不是明智之举，我会明确地告诉你：人和马不一样，对马有用的方法不一定对人有用。而且，我分享的不是一种方法，而是一种哲学。这是一套指导原则，能够帮助我们与马、与他人、与自己建立更健康的关系。每匹马都是不同的，就像每一个人都不同一样，所以，在某一时刻适合某一个人的原则可能不适合另一个人。如果你把"像马一样思考"简化成一种方法（许多人都这么做），它很快就会变成一个死局。但如果你能把"像马一样思考"当作一种哲学，并抓住核心，反复温习，那么，它会引导你在一切情况下找到正确的解决方案。

在言归正传之前，我想分享一首诗歌。我喜欢传统的牛仔诗。在诗歌朗诵结束时，我经常爬到马旁边一个倒扣着的水桶上，然后趴在马的背上，让它习惯我坐在它身上的感觉。接下来，我就要真的骑到马背上去了。当马开始放松的时候，我会把手放在马脖子上，脚踩在水桶上给客人表演背诗。后来，我在篝火旁吟诗，客人们总是让我

"再来一首"。我最喜欢的一首诗是 100 多年前的埃德加·艾伯特·格斯特（Edgar A. Guest）写的，这首诗也成为与我共事的许多重要人物的最爱。它叫《看一场布道》(*Sermons We See*)，内容是这样的：

看一场布道，是看不是听；
指路还不够，请与我同行。
耳朵不乐意，眼睛才是乖学生，
忠言很费解，举个例子就搞定；
最佳布道者，以身作则是前情，
大家想看到，善行接力的场景。
我看着你做完，我很快就学会；
你的手不麻利，舌头却在翻飞。
也许你的演讲很明智很真实，但我宁愿观察你所做的事情；
我可能会误解你和你给出的高见，但并没误解你的行为和生存方式。
当我看到善举，我渴望自己变善良。
软弱的兄弟跌倒，强壮的人停下，
只是想看看自己，能不能帮到他，
我的愿望，好像我认识的那个朋友一样。
所有的游客都知道，今天最好的向导，

不是口头指路者,而是亲自带路的人。
做一个好人,可以教导一波人;
做一件善事,胜过了说一堆事情,人们相信自己的眼睛。
与珍视荣誉的人在一起,就会珍惜自己的荣誉,
因为正确的生活所传达的故事,大家心知肚明。
我被雄辩的口才大师迷得七荤八素,但还得说清:
无论何时,请看一场布道,是看不是听。㊀

当我邀请你进入本书的故事环节,与我熟识的人和马见面时,我的愿望是,通过我的文字,你将"看到"我所描述的事件。我不想对你说教。但我每天都拘泥于我的圆形围栏里,在围绕着围栏的人们的生活中见证着一个个小小的奇迹。这些马教会了我很多,让我明白了如何成为更好的父亲、更好的丈夫、更好的领导者,还学会了如何更好地做人。

我希望,在这些故事里你也能看到他们分享的布道,顺便说一句,是看不是听。

㊀ 美国诗人埃德加·艾伯特·格斯特(1881—1959 年)的诗歌《看一场布道》,摘自《埃德加·艾伯特·格斯特诗集》(芝加哥:Riley & Lee 出版社,1943 年),第 599 页。1919 年首次出版于伊利诺伊州 Boy Agriculturist 出版社,第 12~13 卷。

目 录

序　言　我从马身上学到了我真正需要知道的一切

第一章
你不能对马撒谎
- 马就像你的一面镜子 / 006
- 我们活在了自己感知的世界里 / 008
- 解锁希望 / 011
- 坚固的栅栏和柔软的地基 / 017

第二章
"感觉"教不会，但你能学会
- 怎样才能有"感觉" / 025
- 施压和释压 / 031
- 试着去感受 / 036

第三章
给马取个匹配的名字
- 名字的力量 / 044
- 相信马会有进步 / 048
- 宽恕是一种选择，但不易做到 / 053

第四章
明确的界限会让马儿快乐
- 尊重先于友谊 / 064
- 请尽力温柔，但必要时尽量坚定 / 069
- 边界感的经验教训 / 072
- 界限 + 后果 + 自由选择 / 076
- 坚守界限，你也可以温柔如斯 / 079
- 界限让我们合体 / 080

第五章
让正确的事变容易，
让错误的事变难

尊重选择的自由 / 089
超越意志之战 / 091
你不能强迫别人对你忠诚 / 094

第六章
慢慢索取，快快给予

尊重最微小的努力和最细微的
　改变 / 106
如果马不信任我，我就帮不了
　它们 / 110
信任是需要时间的 / 118

第七章
这与今天无关，
这关乎马的余生

坚实的基础可以持续一生 / 126
一寸光阴一寸金 / 134
它让我感觉它懂我 / 137

第八章
处理好态度，
你不必面对行动

如何处理态度 / 145
努力永远不嫌晚 / 151
埋葬尥蹶子的冲动 / 153

第九章
你可以痛苦地熬，
也可以快乐地活

化腐朽为神奇 / 167
感受痛苦容易，痛并快乐地活着
　不易 / 169

第十章
别害怕，动动你的脚

如果它愿意转变，它就是在
　学习 / 180
观察，行动，反思 / 184

	待在舒适区，不会有所成长 / 189
	新农场，新挑战 / 191
第十一章 **每匹马都需要目标**	压力可以解锁目标 / 199 目标不是目的地，而是旅程 　　本身 / 205
第十二章 **展示你的另一面**	"尊荣之前，必有谦卑" / 226 不要把善良错当成软弱 / 232 伟大的领导者知道何时应该放手 / 234

鸣　谢 / 236

照片由安德鲁·J.巴尔登（Andrew J.Bardon）提供。

Chapter One

第一章

你不能对马撒谎

没有哪个哲学家能像狗和马那样彻底地理解我们。它们一眼就能看穿我们。

——赫尔曼·梅尔维尔(Herman Melville)

像马一样思考

第一章　你不能对马撒谎

奔腾的马蹄声慢了下来，也停了下来。受惊的小马不再绕着围栏奔跑，而是转向中间，那是我站立的地方。我能听到它沉重的呼吸声，闻到它身上的汗臭味。满身的汗水浸染了它那浓艳的栗色皮毛，这就是我们给它取名"野火"的灵感来源。不久前，它还在野外和一群野马生活，从未被人手触碰过。现在轮到我来教它如何与人类一起生活和工作，这样它就可以"嫁"个好人家了。

"它在想，也许我并没有那么可怕，"我告诉那些站在围栏边看着我的人，"我不能强迫它信任我，它必须自愿决定相信我。我希望它选择直面恐惧，而不是逃避。所以我所做的就是让正确的事变容易，让错误的事变难。让它认为在外面奔跑是件苦差事，回来跟我待在一起很轻松。中途它还可以在这里休息。"

马还没有完全意识到这一点，但我注意到它的表情已经变了。它那狂野的眼神变得温柔了，它低着头表示顺从。很快，我就能感觉到它准备慢慢地向我走来，当它伸出头来嗅我的时候，我能感觉到它温暖的气息。我跪在泥土里，尽量让自己显得渺小而不具威胁性。它对我表现出了尊重，所以现在是时候向它展示我的谦卑了，我要释放压力，表明自己不是掠食者。

当我等待小马迈出信任的第一步时，围栏另一边的什么东西引起了我的注意。一个年轻的牛仔站在篱笆旁，眼泪顺着他英俊的脸颊流了下来。

杰里米·莫里斯（Jeremy Morris）是我们在钻石十字农场的第一个雇员，那时，他只为我们工作了几个星期。我和我的妻子简喜欢开玩笑地说，不是他为我们工作，而是我们一直在为他工作。杰里米是一个天生的领导者，有着天生的自信和魅力，可以马上吸引人来喜欢他、追随他，并和他在一起。但他并没有轻易找到人生的方向。他为我们工作后不久，我请他骑了一匹我在交易中新得到的马。

"别把马绑得太紧！"我警告杰里米。我已经知道这会引起马的恐慌。它会猛地向后拉，冒着伤害自己和周围人的危险与缰绳搏斗。但杰里米不听，那匹马吓坏了。它站了起来，弄断了绳子，然后向后翻了过去，蹭坏了杰里米的马鞍。幸好没有弄伤其他人，但这一人一马都受伤了。

杰里米很擅长他的工作，但他总是挑战极限。他会疲惫不堪地来农场上班，因为前一天晚上他出去参加派对了。

尽管如此,他在驾驭马和牛等方面仍然很有天赋(我们的企业客户也很喜欢他,他们认为,他穿着牛仔服、戴着丝绸头巾,看起来像个西方电影明星)。农场里其他的工人都喜欢他,我的孩子也很喜欢他。所以,我们努力让他成功。我和简当时都是没有经验的领导者,所以,我相信我们在管理方面也犯过错。

杰里米一生都在和马打交道。他来找我们是因为他想学习我的驯马方法。和我一样,他从小就接受了牛仔式的严厉教育,但他对一种不依赖于恐惧、痛苦或武力的驯马方法产生了兴趣。我向他解释说,我不能真正教会他一种具体的方法,但我可以分享我的驯马哲学,而我所有的训练都基于这套驯马法则。每匹马都是不同的,每匹马都需要不同的方法,但是,驯马的法则是一致的。

我将在后面的篇章中与大家分享这些原则。这些原则对于马的作用,我见识过几百次,甚至上千次。但在那些日子里,我只有一种预感,那便是这些原则可能也适用于人类。所以,当我看到我的话语和我的演示对农场边的年轻牛仔的影响时,我感到很惊讶。

如今,20 年过去了,我不再对此感到惊讶。演示结束后,经常有人含泪找我。我曾见过有权势的 CEO 作为领导者努力克服自己的缺点,同时看着一匹野马对坚定但温和的边界感做出反应。我也曾见过父亲们痛哭不止，因为他们意识到自己对孩子太苛刻了。我还曾见过成年男女开始释放几十年来隐藏的创伤带给他们的情绪，因为他们第一次明白，信任是安全的。我了解到马有一种非凡的能力，可以向人类展示自己。如此，它们成为个体成长和领导力提升的强大催化剂。

就像我常说的："你可以对别人撒谎，你也可以对自己撒谎，但你不能对马撒谎。"

马就像你的一面镜子

为什么我们很多人都能在马身边做真实的自己？也许是因为马看到了我们真正的样子。作为猎物，它们高度敏感，能适应人类的肢体语言和能量。马能直接看到我们体内的东西。它们看到的是真实的我们，而不是伪装后的我们。它们会凭直觉知道我们是由什么构成的，能感知我们的意图。

我的朋友迈克·布坎南说："在一群人中间放一匹野马，它每次都会挑出最危险的人。"迈克在附近的荣耀农场（Honor Farm）工作，负责一个培训有前科的人驯服和训练野马的项目。这是一个双赢的想法：这些准备重新进入社会的人，可以学习一些有价值的技能，而这些马经过训练后可以被公众收养。迈克说，当一群新的有前科的人到达时，他会让他们站在一个大围栏的边缘，然后放一匹马进去。那匹马会跑来跑去，很快它就会昂起头，对着队伍中的某个家伙哼哼。无疑，马知道这些人中谁是最危险的。马也能挑出最不具威胁性的人，也就是在危险等级中排名最低的人，并接近他。

有时，马甚至比我们更了解我们自己。我最喜欢的一首诗叫《镜中人》（The Guy in the Glass），作者是老彼得·戴尔·温伯罗（Peter Dale Wimbrow Sr）。这首诗讲的是我们最终都要对自己负责："在你的一生中最重要的裁决者，就是那个从玻璃后面凝视你的人。"㊀通常，正是因为如此，我们都不愿好好地照镜子。我们会感到尴尬、羞愧，或者只是没有足够的勇气去正视自己是谁。

这就是我感激在我的生命中出现的马的原因。它们就像一面镜子，反映出我自己的缺点，虽然我并不想看到自己的缺点。马会帮助我看清真实的自己，而不是我希望成为或假装成为的那个人。我们中有太多的人会进行自我欺

㊀ 老彼得·戴尔·温伯罗，《镜中人》，最初发表于1934年的《美国杂志》。

骗，把自己不喜欢的部分推到视线之外，只顾做我们自己的事情，希望别人看不到视线之外的那一部分。但如果你一辈子都想伪装成另一个人，那可不容易，你不会坚持太久。你会对自己隐藏的事情产生羞耻感和自我憎恨；你会生活在恐惧中，害怕这些糗事暴露在世人面前。

许多人发现自己很难承认自己的错误、弱点、脆弱、创伤或恐惧。对于身处领导岗位、受人尊敬的人来说，这更是如此。然而，我们必须找到一种方法来诚实地面对我们自己。如果我们想要成长，学会做人，成为称职的领导者和父母，并能够帮助他人做同样的事情，那么，我们就需要停止伪装。我想，这就是为什么那么多人觉得在我们农场的经历改变了他们的一生。没有人指出他们的错误或直面他们的恐惧，但他们自然而然地开始面对更真实的自己。这是一个安全的地方，我们可以诚实地看待自己，也可以看到转变的可能性。

我们活在了自己感知的世界里

对小马野火来说，就像这些年我认识的其他几百匹马一样，我是它最后的机会。它被一群好心但没有经验的人收养了，这些人喜欢拥有一匹野马的浪漫想法，但不知道

第一章 你不能对马撒谎

如何对待一匹野马。他们在后院驯马，最后甚至近不了它的身。在几次失败的尝试和死里逃生之后，他们给它打上了"危险"和"孺子不可教"的标签。

有人告诉我："那匹马的麻烦比它的价值大得多。"当我开始与它相处时，不难看出其中的原因。起初，它在围栏周围狂奔，显然害怕与人接触。我只是挥了挥手中的长柄旗，鼓励它跑起来。我没有因为它的行为而责怪它。谁知道它在这短暂的童年经历了什么。直升机围捕和大声喧哗的人把它从牧群中拽走，它是不是被吓到了？它是不是被困在狭窄的滑道里，被打上烙印，接种疫苗，然后和其他受惊的小马一起被装进一辆黑暗、嘈杂的卡车里？就像我那天对杰里米和其他旁观者说的那样，"它只是活在了它感知的世界里"。

每一匹来找我的马都活在了它感知的世界里。它有故事，但它不会讲。如果我不知道它的故事（通常是不知道的），我就只能根据它给我的信号来判断。只要足够仔细，就不难把这些信号点联系起来。某些触发点会引发某些反应。害羞的马，会害怕别人摸它的脸或耳朵，也害怕有人用缰绳套住它，可能是因为它被人毒打过。好斗的马，可能已经被宠坏了，有人曾经对它不尊重人的行为放任不管，导致它现在变得更危险了。人类以无数的方式伤害马，有时出于残忍，但更多的时候仅仅是出于无知。许多人没有意识到还有更好的驯马方法。

　　有时候，你需要很大的耐心才能看到马的优点，因为来自过去的恐惧感掩盖了它的优点。

　　"你必须相信它，像你知道它可以成为的马一样对待它，而不是像它现在这样，"我告诉杰里米和其他人，"这不仅关乎它的今天，也关乎它的余生。如果你只关注它做错了什么，你就没有耐心帮助它发挥自身的潜力。"我总是说，如果你不相信一匹马，或者一个人，就此而言，你一开始就不应该与之共事。

　　在大约一个小时的时间里，杰里米看着我骑着小马转圈——让它奔跑，给它自由活动的空间。马天生有幽闭恐惧症，如果你困住它们，它们会因惊慌而战。但如果你让马奔跑，它会获得信心。我不会像那些年长的驯马师那样把马拴起来或让马跛行。无论你的缰绳有多长，你也只能限制马的活动自由，但这不会让它信任你，而只会触发它内心的恐惧。就像我师从的那些伟大的骑手一样，最初，我的几乎所有的工作都是在圆形围栏里进行的，没有任何束缚。圆形围栏没有可以困住马的角落，尽管空间很小，但可以让马儿们继续前进。它们总有逃生路线。圆形围栏有着柔软的地基和坚固的栅栏，所以它们不会伤害自己。这是一个完美的训练环境，因为马会感到相对安全。

　　我想让马觉得它们有选择的自由。我尊重它们的智慧和直觉。我会尽量保持我的肢体语言不具威胁性，让它们继续奔跑，直到它们决定转向我，以它们自己的方式面对恐惧。马很喜欢这种被给予了自由的感觉。

我认为人类是非常相似的。我们不希望有人告诉我们该做什么，强迫我们违背自己的意愿行事。当我们被允许自由地做出自己的选择时，我们更有可能信任他人并向他人学习。小马野火就是这么做的。恐惧慢慢被好奇所取代，直到小马主动地向我走来，低着头表示服从。

生命中很少有比野生动物自由地决定给予你信任更神奇的时刻了。当我伸出手去触摸它，让它嗅我的时候，我有了一种奇妙的感觉，我总是在第一时间感受到一种被某些驯马师称为"勾搭"或"加入"的联系。但在这个特别的例子中，我的心思也在那个牛仔身上。杰里米在看马的时候发现了什么？是什么让他感动得热泪盈眶？

他的内心承载着怎样的故事？

解锁希望

我知道现在不是问这些的时候。在这方面，人们就像马一样：你不能强迫他们信任你，或者把他们逼入绝境，指望他们会敞开心扉。你所能做的就是创造一个让他们感到安全、始终如一的环境,给他们选择的自由。信任是任何关系的基础,无论是人类还是动物都一样。这对我们大多数人来说都不容易。当你在乎一个人的时候,这会很难。"为什么我的孩子不跟我说话?""为什么我的搭档不告诉我到底发生了什么?""为什么我的员工不告诉我他们的真实想法?"答案是什么?因为他们还不确定,和盘托出会不会危及他们的安全感。

当杰里米为我们工作时,很明显,他不知道该怎么去形容他生活中发生的事情,就像那匹野马一样。但我感觉到这很艰难,比我个人经历过的任何事情都要艰难。最后,他去了附近的一个农场工作,但我们仍然保持着亲密的关系。很多年以后,我才知道那些眼泪背后的故事。

"我没有勇气告诉任何人我的故事,"他后来证实,"我甚至没有勇气自我承认,我不知道自己有多痛苦!"他过去的不幸遭遇的唯一线索就是他的眼神(恐惧和愤怒交织在一起,与一匹被惊吓的野马的眼神没什么两样)和一系列自我毁灭的行为。在他为我们工作的两个夏天及之后的几年里,我对他的这些行为已了如指掌。

杰里米一生都在努力超越自己的过去,逃离内心的恶魔。当他感到走投无路,无法摆脱心魔时,他就会酗酒,一直喝到恶魔们投降。他住在我们的农舍里,我们像爱家人一样爱他。无论他走到哪里,都有人被他的魅力吸引,但也许这只会让他把秘密藏得更深,好像害怕人们知道真相后会不喜欢他。

"你的秘密会杀了你,"现在的杰里米说,"我的秘密差点杀了我。"他说的是字面意思。他从我家的农场辞职后经常四处游荡,认识了一个叫玛丽的好女孩,并与她结了婚,当了父亲。当他的秘密酗酒和强迫性谎言使他的婚姻出现裂痕时,他几乎失去了一切。生活给了他一个又一个机会——几份梦寐以求的工作、充满激情的才华、爱他的妻子和朋友,但这些都无法让他摆脱自我憎恨的破坏性影响。

"我的内心有一个让我痛苦的深渊!"他说。

多年来,被他埋藏的故事侵蚀着他,剥夺了他的睡眠、安宁和任何信任的能力,尤其是涉及女人的时候。最终,他和妻子及年幼的儿子分开了,他的酗酒程度已经到了一个人每晚都要喝一瓶威士忌的地步。他喝得酩酊大醉,从亚利桑那州驱车到怀俄明州,还拉着一辆装满马的拖车。当他在一个卡车停车场醒来时,发现车上的一面后视镜丢了,他不记得自己是怎么到那里的了。即使这样也没能阻止他酗酒。第二天,他放下马之后,警察就拦下了他并因酒后驾驶罚了他,这是他第四次酒后驾驶。在开车回怀俄明州杰克逊的路上,他一直在喝酒。

"那时我感觉生活已经没有意义了。我考虑过把车开离马路。"他回忆道。然后,当他向提顿山道走去时,他听到身后传来一阵警笛声。这是他被抓到的第五次酒后驾驶,就在第四次酒后驾驶的 48 小时之内。在怀俄明州,这意味着你要直接进监狱,直到你见到法官。杰里米别无选择,只能停车待罚。

那天晚上,他和十几个人站在一个拥挤的拘留室的角落里,感到极度绝望。他摊上大事了。五次酒后驾驶,他要怎么告诉他的妻子呢?他脆弱的婚姻不可能经受住这一切。他破产了,现在还要支付律师费和罚款。他可能面临牢狱之苦。他不知道自己是否有办法戒掉酒瘾。他已经做了很多努力——参加互助会,一天天数着日子,接受心理咨询。

他说:"这不是我的本性。"在那个漫长的不眠之夜,他除了祈祷,别无他事。他的心里冒出一个问题:"如果我能戒掉酒瘾,我能成为什么样的父亲呢?"他接受了他的婚姻可能已经结束的事实,但他突然强烈地渴望回到儿子雷顿身边,他想陪伴儿子,这是他的父母从未给予过他的陪伴。

杰里米从未讲过(甚至对他自己也没有讲过)的故事始于他六岁的时候。他的父母离婚了,每人带走了一个孩子,杰里米被留在了极度抑郁的父亲和一连串的继母身边,其中一个继母在身体上和精神上虐待了他多年,而他的父亲却无动于衷。他回忆说:"我上学时身上有划痕和淤青。"但这还不是全部。小时候,他多次遭到性侵,施虐者依次包括一个年长的男孩、一个保姆和一个女性家庭成员。他太年幼了,无法真正理解那时发生了什么,也从来不愿提及。"我知道这是不对的,"他说,"但我太羞愧了,不敢告诉任何人。"一想到去教堂做礼拜的祖父母可能会发现他的秘密,他心里就充满了恐惧。

"我责怪自己……我开始问自己,'我做了什么,要受这种罪?'我不能对任何人说任何事。"他把这件事埋得很深,以至于他都不记得了,除了某些时刻,他会突然想起某些往事,比如,他的母亲寄来的一封信,他的第一个施虐者的照片突然出现在脸书上,以及他喝了太多酒。这时,他会向朋友或妻子脱口而出一些事情。但很快,他又闭上了嘴,拒绝再多说一句话。

多年后,当我问他那天在农场看到我和小马野火在一起时,是什么让他感动得流泪,他说:"是因为你没有因为马的错误和不良行为而生气。你可以看到每匹马的优点,你不会根据它们的行为来评判它们,即使是那些野性的疯马,你也不在乎。你知道它们受到了伤害。这一点打动了我。"

他停顿了一下,仿佛在脑海中重现了当时的情景。"冥冥之中,我知道我一直在做的糟糕选择和犯的错误是由我的过去驱使的。但因为我无法正视自己的过去,所以我一直在评判自己、憎恨自己。看着你和那匹马配合得这么好,让我看到了另一种生活的可能性。你在解锁希望。我多年来都找不到自己的路,但我知道你也看到了我好的一面。你从来没有放弃过我,即使在我快要放弃自己的时候,你还在坚持。"

在怀俄明州监狱的那个晚上,杰里米差点儿就放弃了。"我只能用恩典来形容接下来发生的事情,"他说,"我突然意识到,我再也不会喝酒了。酒精离我远去了。我第一次感受到了希望。那次酒驾救了我的命。"如今,他已经戒酒十多年了,并且和玛丽有三个儿子。这是一条漫长的道路,但他终于找到了一种方式来讲述自己的故事。首先,他要对他自己讲故事;其次,他要对他的家人和朋友讲故事;再次,他要对咨询师讲故事;最近,他还在公共论坛上讲述了自己的故事。他的记忆还在向他涌来,从他埋藏痛苦记忆的黑暗深处浮现出来。他开始热衷于帮助其他男性鼓起勇气公开受虐的事情,并惊讶地发现,这种事情在男性中比他意识到的要多得多。

今天,杰里米已经成为他似乎天生就该成为的领袖。他的事业蒸蒸日上。当他与员工一起工作时,他经常回忆起他从驯马和自己的旅程中学到的教训。

他说:"老实说,作为一名 CEO,我认为,我把 80%

的时间花在了员工的精神健康上,或者,帮助他们处理与他人之间的摩擦。当有人在工作中做出消极的反应时,我学会了不去回应而是去反问'为什么?'我知道他们每个人都有一个故事,但他们可能无法讲出来。他们活在了自己感知的世界里。"

坚固的栅栏和柔软的地基

就在几年前,当我终于听到杰里米的故事时,我想起十年前他站在圆形围栏旁看着那匹野马流下了连他自己都不懂的眼泪的情景。那时候,作为他的老板,我不知道该如何帮助他。当然,即使我能够提供帮助,他也不准备接受帮助。我必须让他继续前进,找到自己的路,而他面前的路是漫长而艰难的。

今天,我对人类有了更多的了解,我明白很多人都受过伤害——身体上的、情感上的、精神上的。也许他们受的伤害没有杰里米那么严重,但伤疤还在那里。如果我们不愿意面对我们的恐惧、讲述我们的故事,它们会一次又一次地绊倒我们。我听说隐藏的情感永远不会消失,我相信这是真的,无论是对人还是对马都一样。说到马,如果你忽视这些迹象,最终这些情绪会在压力下暴露出来。当你试图用绳子拴住一只生病的幼崽，或者赶在风暴来临前召集马群时，你最需要的是可靠的马，否则它会离开你。

杰里米很痛苦，他的表达方式也相当极端。对其他人来说，引发痛苦的原因可能更微妙，其表现行为也不那么戏剧性，但它们会破坏一个人更深层的潜力。大多数人都知道，有一个对最轻微的批评都十分敏感的朋友、同事、伴侣或家人是什么感觉。大多数领导者都知道，有一个反复犯同样错误、破坏自己进步的员工是什么感觉。大多数老师都知道，有一个把每堂课都变成战场的学生是什么感觉。他们活在了自己感知的世界里。

如果我们太急于评判一个人的行为，就等于关上了改变的大门。这并不意味着我们必须接受具有破坏性的行为。我用来驯马的圆形围栏有坚固的栅栏，但也有柔软的地基。作为领导者或父母，我们总是在为与我们一起工作或生活的人创造环境。这些环境不是由柱子和栏杆组成的，而是由我们自己的态度构成的。明确的边界感、耐心、谦逊、透明、不妄下判断，以及对我们看不到的创伤的同情，这些都是我们能够建立安全空间的支柱。

尽管没有人是完美的，但我们都可以变得更好，比如，成为更好的父母、领导者、伙伴、朋友、导师或教练。我们可以学会激发别人的信任和真诚。马教给我们的这些东西，对我们是有帮助的。我们要记住，每个人都活在自己感知的世界里。我们可以保持耐心，抵制以貌取人的冲动。我们可以告诉自己：这不仅仅关乎今天，更关乎他们的余生。

我们每个人都可以创造一个让他人觉得很安全的空间，让他人不必再逃跑了。

照片由克里斯·道格拉斯提供。

Chapter Two

第二章

"感觉"教不会,但你能学会

> 沟通中最重要的事情就是倾听没有说出的部分。
>
> ——彼得·F.德鲁克(Peter F. Drucker)

像马一样思考

第二章 "感觉"教不会，但你能学会

"你感觉怎样？"

曾几何时，汀克·艾洛迪（Tink Elordi）每天都问我很多次这个问题。他是一个伟大的骑手，我在20世纪80年代末开始与他共事，并向他学习。

他会建议道："拉住缰绳！"或者，"忍耐一下，等马被松绑。"他会专注地观察马的反应，然后说："好了。你感觉怎样？"

有时候我确实感觉马在放松或变得温和一些。但更多的时候，在那些日子里，我真的不知道汀克想说什么。我对这匹马的感觉几乎没什么变化，通常它并没有做我想让它做的事情。沮丧的时候，我会摇摇头。

好尴尬呀！我这辈子都在和马打交道，现在我已经30岁了，我讨厌再次成为新手的感觉。但我知道，如果我想成为像汀克那样的驯马师，就必须对他诚实。驯马师和马彼此合作，而不是相互对抗。我真的很想像汀克一样优秀。而且，我付了他一大笔血汗钱。

在那之前的几年里，我对自己的不满在慢慢增长。我自己也会训练马、卖马，还取得了一些成功，但我也看到了代价。卖马是我的必要业务，然而我经常感觉好像我背叛了马。有时，我卖掉的马会被劣质的骑手糟蹋或弄伤。不止一次，我被期待已久的发薪日所诱惑，在马还没准备好时就把它卖掉了，然后眼看着我所有的工作都付之东流。为了赚钱，我必须迅速训练和出售马匹，这种压力迫使我对马使用强制方法让其服从。我总是有一套对付难驯服的马的天然方法，并善于让它们做我想做的事。但有时，在那些日子里，我觉得我是在和我的马对抗，而不是和它们一起工作。我常常感到非常沮丧，甚至想彻底放弃这一工作，另谋出路。从那时起，我也开始了寻找希望的旅程。

后来，我的祈祷得到了意想不到的回应，我的老板带我去了著名骑手雷·亨特（Ray Hunt）开的一家驯马诊所。大约十年前，我曾试着读过雷的经典著作《与马和谐相处》（*Think Harmony with Horses*），可是，当时我甚至没有读完，也不明白他想说什么。

亲眼看到雷工作会让人着迷。他解开马的缰绳，宣布："如果你能引导它的思想，它就会跟着你走。"当他说话的时候，马的头会左右转动，而不需要骑马者任何明显的引导。雷解释说，他是通过倾听、注意微妙的信号、尊重马的智慧来与马和谐相处的。他把这一切归结为一个简单的词：感觉。

怎样才能有"感觉"

感觉！这跟汀克问我"感觉怎样"的"感觉"是一个意思。在邂逅雷之后，我遇到了汀克，因为我知道，如果我要学习如何应用这种新的驯马哲学，我就需要一位老师。汀克是业内公认的生手赛马首选的辅导老师，他曾与雷和雷的导师汤姆·多兰斯（Tom Dorrance）共事过。汀克身材高大、威风凛凛，曾获得了空手道黑带，且举止粗鲁。但是，当他跨上马背骑马时，他又出奇地优雅和轻盈。

"寻找那种柔软。"他总是告诉我。但这并不意味着他用指尖握住缰绳，而是意味着他很敏感，在需要的时候随时变得坚定。

汀克解释说，"感觉"不仅仅是你做的事情，还是你可以拥有的东西，也是你需要培养的东西。如果你有"感觉"，就意味着你与马的感觉方式及其可能的反应一致，能够读懂马的肢体语言，并能以建立马的信任和信心的方式做出反应。伟大的男女骑士们都已培养出了"感觉"。

感觉是敏感、直觉和同理心的结合。这是与马或人一起工作时最需要学习的事情。如果我要在这几页里强调一件事，那就是培养"感觉"。虽然"感觉"教不会，但你能学会。你必须调谐、观察、集中注意力、尝试、倾听，并试着把自己置身于他人的体验之中，以此来培养"感觉"。

汀克知道这一点，所以他才耐心地一直问这个问题："你感觉怎样？"并设定情景，让我不断地练习和学习。

"感觉"这个词在马术领域之外可能并不常见，但它指向了每个人都经历过的事情。我们都遇到过那些看起来与他人天生合拍的人。他们似乎能感知人们的感受，并凭直觉知道正确的回应方式。他们没有迷失在自己的思想中，也没有被自己的议程缠得脱不开身。我们也遇到过与之相反的人：他们麻木不仁，对自己所造成的影响视而不见，回应时粗心大意。他们表现得好像自己的感受才是最重要的，或者他们假设其他人的感受和他们一样。这就是所谓的"感觉"，或者说，这是"缺乏感觉"。

商界人士可能会使用"情商"这样的术语，但归根结底是一回事。伟大的领导者有这种能力，但他们有时无法用语言表达出来。善意的咨询师和人力资源专员试图传授"感觉"，但"感觉"不是可以轻易简化为一套技能或行为的东西。再说一次,虽然"感觉"教不会,但可以培养,只要我们有一点耐心和谦卑,并愿意为之努力。

不久前,我和一个很棒的领导者兼骑手戴夫·巴尔日泽(Dave Balzhiser)聊了聊"感觉"。戴夫在美国辛普森众泰建材商贸公司度过了他的职业生涯。在公司从一家小企业成长为一家价值数十亿美元的上市公司的过程中,他从工厂的底层一路升至副总裁。几年前,我们在内华达州埃尔科的一场马展上相识。一天深夜,我们在驯马场驯马的时候聊了起来。这是我们第一次深入探讨马如何帮助人们提高领导力的问题,后来我们谈了很多次同样的话题。关于"感觉"的话题,戴夫做了一个很好的类比:"我总是问人们,你还记得你第一次驾驶手动挡汽车的情景吗?你的教练可能会告诉你'这里是一挡,这里是二挡,这里是三挡,这里是四挡,向上和向下是倒挡'。他们会告诉你,离合器在左边,刹车在中间,油门在右边,并解释如何驾驶。但是,不管他们怎么描述,当你尝试的时候,第一件事会是什么?你停滞不前……唯一的学习方法就是不断地练习,直到这门技术成为你的第二天性。你可以准确地感觉到你需要松开刹车,松开离合器,踩下油门,从而找到正确的挡位。这就是感觉。再多的解释也不能真正教会你该怎么做。你必须自己学习。"

学习的关键在于：它会让人感到不舒服。当你还是个孩子的时候，这是一回事；当你是一个应该把生活理顺的成年人，更不用说是一个正在抚养孩子的父母时，这完全是另一回事。如果你被尊为领导者或专家，你最不想做的就是让别人知道你还有东西要学。这就是我和汀克谈话时的感受。我在一些与我共事的领导者的身上也观察到了同样的现象。他们害怕承认自己难以理解员工，或者在与人打交道时感到笨拙。他们认为承认自己的错误或缺点会使他们失去成为领导者的资格。事实恰恰相反。做事明确的领导者会让人感到安心和安全。

学习"感觉"的任务之一（尽管不是全部）就是读懂肢体语言。因为动物不会说话，所以它们交流的主要方式是非语言的。如果你有一只宠物狗或宠物猫，你可能已经拥有了解读这种交流的一些技能。我们的边境牧羊犬格雷西的表现就很清晰。这只小母狗兴奋的时候会用眼神告诉我们，它准备好去追牛了。当它不想出去的时候，它会低下头。

马也用这种方式给了我们各种各样的暗示。有时它们表现得很明显，如愤怒地眯起眼睛或竖起耳朵；有时，它们的表现更微妙，如舔嘴唇意味着它很放松，以及表现出某种柔和的眼神。人类也在用这种方式交流，但我们往往视而不见。马比人类更容易被读懂，它们也更擅长读懂我们的肢体语言。

当我向一匹被关在圆形围栏里的马介绍自己时，我做的第一件事就是在围栏里来回走动，让马在我周围自由地走动。我的肢体语言是完全放松和没有威胁的。我不用眼睛瞪马，也不直面它。我会把肩膀稍稍转开，向他表明我没有以任何方式与他对抗。我喜欢绕着它走，让它自由地逃跑，而不是像掠食者那样追逐它。这有助于马意识到它没有受到攻击，帮助它快速适应新环境。

野马总是处于高度警戒状态。作为一只被捕食的动物，它必须随时准备好逃跑，所以，它对周围的环境有着强烈的适应能力，如兽群中其他动物的行动、微风中的气味、灌木丛中的沙沙声。它可能看起来很放松，在郁郁葱葱的草地上吃草，享受着背上的阳光，但它一直明白，自己随时可能沦为猎物。有些人将这与人类的意识进行对比，认为人类是掠食者。但我觉得没那么简单。人类当然可以成为掠食者，但我们也知道成为猎物的感觉。当我们感受到威胁时，我们可能会开发出我们在野马身上看到的那种警觉性。

当我还是个孩子的时候，我就对周围的人产生了不同寻常的敏感，我想这在很大程度上是因为我希望避免受到父亲的批评或愤怒。我学会了如何读懂他肢体语言的每一个细微差别。我愿意做任何事情来避免冲突。在我长大离家后的很长一段时间，在我的父亲变得松懈、不再那么挑剔很久之后，这种特质一直伴随着我。我很擅长让别人站在我这边化解局势。

当然，这并不总是最好的方法，但我确实认为这在驯马的问题上帮助了我。我的观察力和同理心已经很强了，我不想和马打架，就像我不想和我爸爸打架一样。周围有那么多强悍的牛仔和马球运动员，他们充满了暴力和恐惧，而我失去了一些敏感的东西。但我骨子里还是那个我。这就是为什么我会被雷·亨特、汀克·艾洛迪和汤姆·多兰斯等骑手的温和方法所吸引，因为他们重新唤醒了我的自然"感觉"，并给了我描述它的词语和培养它的哲学。

在汀克的指导下，我又开始和我的马交谈了。最重要的是，我一直在倾听它们，并注意那些能告诉我它们感觉如何的迹象。我学会了如何牵着一匹小马，并知道它什么时候会往回拉绳子。我可以给它一些自由，并对它的信号保持敏感，而不是紧紧地抱着它的下巴，期待一场战斗。当我感觉到它要反抗的时候，我可以在它反抗之前改变角度，轻柔地牵着绳子，让它保持轻松安逸，和我一起和谐前进。我发现，当马的思维正常时，千斤重的马可以像羽毛一样轻,我可以用一根手指指挥它。

雷过去常说,马在做任何事情之前——尥蹶子、踢腿、撕咬、惊吓——他已经做好准备了。当你对与马(和其他动物)相处有了更多的经验,你就会读懂这些迹象,并在你不想要的行为发生之前加以阻止。如果你对一匹马的所作所为感到惊讶,那就意味着你可能没有认真听它刚才"告诉"你的事情。

我经常在人际关系中思考这个原则。如果我们更多地关注我们周围那些不言而喻的信息,世界上有多少坏事可以避免?当我在新闻上看到一个悲剧,如一个孩子在学校开枪,或者一个人持枪横冲直撞,我经常会想,在事情发生之前,有什么迹象被忽略了?如果周围的人有更多的同理心、更深刻的感觉,当然还有帮助肇事者改邪归正的意愿,这种情况是否可以避免?我对周围的人关注够了吗?他们在无言地告诉我什么?

施压和释压

现在,当人们来到农场时,我就会像关注马一样关注他们的肢体语言和无意识的暗示。几年前,一位名叫约翰·巴尔森（John Balsom）的摄影师来到农场拍照。他带来了他的妻子和年幼的儿子，他们在我家住了几个星期。约翰因为捕捉到了他看世界的方式而获得了无数奖项，但真正吸引我的注意力的是镜头后的那双眼睛。当他放下照相机时，他会露出某种表情，如一种悲伤，甚至是一丝苦涩，这似乎与这位友好而小有成就的年轻英国人的一切格格不入。他那结实的身躯在背部受伤的地方有点弯曲，但我能感觉到，他的疼痛不只是身体上的。我在早年的生活中可能完全忽略了它，或者一下子就把它抛诸脑后了。但在研究马和人类几十年后，我偶然发现，当我察觉到一种不言而喻的信息时，我无法转身回避。

他的眼神在告诉我什么？我很好奇，但我不想打探。然而，我也感觉到，他来到这里是有原因的，而且不仅仅是为了拍摄马匹或者美得令人窒息的景色。

一天，约翰在圆形围栏旁打猎，我第一次给一匹胆小的灰色母马套上鞍，这匹母马名叫古思特。真是出师不利，我尝试了好几次才获得它的信任。当时，古思特一动不动地站着，我把马鞍座毡往它身上盖了几次，上下来回按揉，让它习惯背上有东西。

"没事的，姑娘，这不是狮子。"我一边说一边把自己身体的重量靠在了马鞍座毡上。古思特昂首挺胸，神经系统处于警戒状态，但它没有退缩或逃跑。"好姑娘。"我用手抚摸着它的脖子赞美它。当我把沉重的马鞍放在它背上的时候，它平静地站着。我收紧缰绳，鼓励它往前走。

我训练它一段时间后，告诉约翰："我想它已经准备好让我骑它了。"

"你怎么知道的？"他问道。

我想了一会儿这个问题。其实我真的不知道！你不能总是确定第一次骑在马背上是安全的。这就是为什么许多老驯马师会用绳子拴住马的一条腿，迫使马站着不动，然后再骑上马背。但是，因为我不用绳子或者其他东西约束马，所以我依靠感觉。我必须了解马的感受：它的肢体语言告诉了我什么？它的能量在传递什么信号？它是否足够信任我，允许我做一些违背它生存本能的事？它正在放松并关注着我，还是紧张并可能产生恐慌？它是在告诉我，过去有人试图骑它的时候，它有过痛苦或可怕的经历，还是说这对它只是新的体验和不熟悉的场景？它是想要取悦我，还是在抗拒这个过程？我今天已经做得够多了吗，还是它愿意接受更多？

我对古思特的直觉是它信任我，而且它没有攻击性或过度恐惧。它已经向前迈出了重要的一步，但它的积极能量和警觉性鼓励我要求它再迈出一步。事实证明我是对的。

它允许我把体重转移到马鞍上,然后它试探性地向前走去,没有反抗。约翰的照相机和他困惑的眼睛跟着我们在围栏里缓慢地移动。

我把第一次骑行的时间缩短了,希望能有个好的结局。这也是感觉的一个重要部分,即知道何时停止,何时奖励进步。如果你的感觉良好,你会感受到小小的变化,并知道这些改变代表着马的努力。虽然它并不完美,而且做出的改变可能也不是那么剧烈,但这是改变,这才是最重要的。这是它的地基,我们可以在此基础上添砖加瓦。

我下了马,表扬了那匹灰色的母马之后,我问约翰:"你看到了什么?"我真正想知道的是他的感受,但我还不够了解他,不能问这个问题。

约翰沉默了一会儿,看着马把前额靠在我的肩膀上,用它天鹅绒般柔软的鼻子深深地叹了口气。"修复,"他说,"这些马正在体验被修复的感觉。就好像你在帮忙重建马和人之间的桥梁。"

在约翰的来访接近尾声时,我暗自思量,我应该问问他吗?还是我应该闭嘴?我不想多管闲事,但我感觉他来这儿不只是为了拍几张照片。我决定冒险直接问他,他的生活中哪些方面可能需要修复。

"我在你的眼中看到了悲伤,"我告诉他,"你过去是否有什么痛苦或伤害需要被治愈或原谅?"

他似乎对我的问题感到惊讶,但就像那匹母马一样,他信任我,试探性地向前迈了一步,没有退缩。

"我的童年并不糟糕,"他说,"我过着舒适的生活,我什么都不想要。但我还是生我爸爸的气,他在我七岁的时候就离婚了。他离开我,我不生气。我明白,有些婚姻不会有满意的结果。但我不能理解他怎么能放弃对我的所有责任,甚至不支付一分钱来抚养他的孩子。"

我问约翰最近是否和他的父亲联系过,他说已经有一段时间没消息了。"我甚至还没告诉他,他已经当爷爷了,"他说,"我的儿子现在六岁了。"

约翰待在农场期间,我分享了我对宽恕的力量的理解,甚至邀请了一位朋友讲述他自己原谅小时候虐待他的父亲的强大故事。我能感觉到约翰领会了我的意思,但他仍然不确定他会选择如何处理自己的事情。他似乎是一个天生矜持的人,他离开大城市几天,来到这里拍照,这些事情都没有被列入他这段时间的议程安排。所以,我退后了一点,并没有强迫什么。人和马一样,通常不会对持续的压力做出良好的反应。用心去感受是一个跳跃式的过程,包括施压和释压。如果你不释放压力,就没有学习和回应的空间。

大约在约翰回去一周后,我收到了他的信息,他很感谢我对他说的话。他告诉我，他在离开农场的那天，在机场给他的父亲打了电话（这是他们多年来第一次通话），并告诉他，他已经当爷爷了。就在第二天，当约翰回到伦敦的家时，他的父亲来看他了。

"我已经完全原谅他的所作所为了吗？"约翰回顾道，"没有。但我不想因为我失去了父亲而让我的儿子失去爷爷。当我看到爷孙俩一起在公园里扔纸飞机时，我意识到我不需要再旧事重提了。现在真的不是翻旧账的时候了，所以我放手了。我已经向前看了。我想，如果我没有参观农场，就不会发生这种变化。以前的我，太固执、太苦涩了。"

听了约翰的故事，我再次感受到了相信直觉的力量。我所做的只是注意我在他眼中看到的东西。我不知道这意味着什么，但我有一种感觉，这是值得追求的。因为他的心被他在马身上看到的品质感动了，所以他愿意敞开心扉。结果，三代人的生活发生了改变。

试着去感受

我们无须任何特殊的技能或资格，就可以去关注、去感受。但这确实需要谦逊和学习的意愿。人类往往容易被周围忙碌的事情分散注意力,或者沉浸在自己的思想和感情中。我们错过了眼前的线索。或者我们看到了它们,但错误地解读了它们,因为我们是透过自己的情感过滤器来看待它们的。关注他人需要自律和细心。给予他人足够的注意力,能够让我们感知表面之下发生的事情。

"感觉"不是学一次就能拥有的东西。你要继续努力。这就是我希望你在阅读本书的时候能够做到的。我希望你能将这一理念付诸实践,密切关注结果,并问自己:"我是否感觉到了?"如果你的回答不总是"是",也没关系。

重要的是你在努力。

照片由克里斯·道格拉斯提供。

Chapter Three
第三章
给马取个匹配的名字

男孩说:"有时,我觉得你们比我自己还要相信我。"马说:"你也会更相信自己的。"
——查理·麦克西(Charlie Mackesy),《男孩、鼹鼠、狐狸和马》(*The Boy, the Mole, the Fox and the Horse*)

像马一样思考

第三章　给马取个匹配的名字

那匹黑马站着的时候，肩高近 6 英尺（1 英尺 = 0.3048 米），体重约 1500 磅（1 磅 = 0.4536 千克）。它的皮毛是闪闪发光的煤炭色，它的脸上有一双警惕的眼睛，两眼之间有一道醒目的白色火焰。想象一下，一匹给百威啤酒做广告的马和一匹赛马用的马杂交，你就会清楚地知道它长什么样。它庞大的身躯让人望而生畏。事实上，它是我见过的恐怖的生物之一。

当我第一次和它一起走进圆形围栏时，它抬起头，重重地哼了一声，开始绕着围栏飞奔，寻找逃跑的机会。我的存在让它无法忍受，我担心它会跳出来。就它的体型而言，属于马中的运动员，它可以改变方向，瞬间从你的视线里消失。而最轻微的噪声或动作都会使它恼怒。

我想，这可能是个挑战。但是，当它放慢脚步，开始流畅地小跑，伸展它的大长腿，像芭蕾舞演员一样踮着蹄子时，我也看到了巨大的潜力。如果我能赢得它的信任，这个优雅的动物可以成为一个有价值的跳跃运动员或盛装舞步马。

这匹黑马属于一个叫海尔格的女人,几年前我见过她。她连靠近它都做不到,更别说骑在它背上了,所以她打电话找我帮忙。经过30分钟的训练,我终于让它站着不动,并允许我摸摸它的脖子。我能感觉到它紧张到肌肉僵硬,还能闻到它的汗味。它俯视着我,惊恐地睁大眼睛,准备逃跑。

"它表现得好像被人打过一样,"我对海尔格说,"你知道它的过去吗?"

她摇了摇头说:"卖给我的人说,它被人骑过,但没人愿意展示给我看。我确实在关它的畜栏里看到了一根棍子。"

我点了点头,眼睛盯着那匹颤抖的马。"这样,它的恐惧就说得通了。问题是,它能克服恐惧感吗?"有些马,一次受虐,终生难忘。它们无法原谅人类对它们犯下的错误。

海尔格把那匹黑马带给我的时候,我刚刚开始在钻石十字农场当众演示。我就知道这匹马会成为一个有趣的话题。我不知道自己能不能说服它,但我同意接受它。当拖车的门打开,它爬了出来,大声地哼着鼻子时,观众们被它的体型和美貌惊呆了。它的身上没有绳子,也没有笼头——人们所能做的就是把它赶到拖车里。没过几分钟,它那光滑的皮毛上布满了汗水和尘土,这些都是它驰骋时蹄子踢起的尘埃。只要它停下来片刻,它的整个身体就会因恐惧而哆嗦,稍有动静就会逃跑。

第三章　给马取个匹配的名字

"它叫什么名字？"人群中的一个人问道。我意识到海尔格从未告诉过我它的名字。我只是想，它可不可以叫"海尔格的大黑"呢？

"你觉得我们应该叫它什么？"我问这位观众。

"叫'哆嗦哥'吧！"有人大声喊道。

大家都笑了，那匹马飞快地跑过围栏。但对我来说，给这匹马起名字可不是闹着玩的。

"这类名字体现了它现在的样子，"我告诉观众，"但这不是我们希望它成为的样子。"我认识太多这样命名的马了。当我还是内华达州一个农场的小牛仔时，有人叫我去骑一匹叫爆米花的马。当我问他为什么叫这个名字时，农场老板只是笑了笑。"你很快就会知道的！"难道你不知道吗？那匹马尥蹶子的时候，就像今天是世界末日似的。每次你让它跳过灌溉渠时，它都会像爆米花一样"砰"的一声！我从那匹马的身上学到了很多。但我有时会想，我应该先做什么？是先取名还是先行动呢？

当谈到给这匹大黑公马取名字的时候，我知道，我肯定不会给它取一个纪念它的恐惧感的名字。

我对观众说："让我们给它起一个我们希望它能做到的名字。"我建议给它取名"勇敢的心"，这是我最喜欢的一部关于英勇的苏格兰骑士威廉·华莱士（William Wallace）的电影。这不仅仅是一个名字，还代表了我在这匹马身上看到的潜力，以及我打算与它相处的方式。这个名字与它的名声和行为完全相反。我知道，如果它要克服恐惧，原谅过去的错误，学会信任人类，它就需要找回勇气和心灵。我相信它能做到。如果我要和一匹马一起工作，我必须相信它。如果我不相信它，我就不应该和它一起工作。

名字的力量

名字很重要，因为名字承载着期待。世界上许多古老的智慧认为，知道某人的名字或给某人一个名字，会赋予那个人神秘的力量。这是事实，而非魔法。我们用来描述一个人或一匹马的词语确实很有力量，因为它们揭示了我们的信仰。我们的信仰会决定我们的行动，我们的行动也会决定我们的命运。

当我选择一匹其他人已经放弃的马并帮它释放潜能时，并不是因为我拥有其他人所缺乏的特殊能力，而是因为我相信那匹马。我努力用我使用的词语来表达这种信念，甚至用我思考马的方式来表达。你的言语和想法会转化成你的肢体语言。马这么敏感，它一定会发现你的信仰。这提醒我们，马和人往往会变成我们所期望的样子。

在我成长的过程中，父亲很少说赞美或鼓励的话。我的哥哥克莱是他批评的主要对象。父亲对他百般挑剔。"你真是头猪,"他会说,"我不知道你是怎么搞的。你什么都做不成。你就是个大懒虫。"果然,克莱没有辜负爸爸的期望。他的卧室看起来像个猪圈。东西散落得到处都是,而且臭气熏天。什么应该先行?言语还是行动?我不是说父亲不应该数落克莱。但是,当我回想起来的时候,我记得父亲没有告诉克莱自己收拾东西,或者不洗他那油腻的手就不要吃东西。

父亲任凭哥哥这么邋遢,然后告诉哥哥他有多糟糕。这些标签被固定下来,然后变得更加真实,这并不奇怪。这让我想起以前我看到有人和马一起工作的时候,一直说马愚蠢、固执,甚至更糟。他们会使用真正的贬义词。然而,作为驯马的人,他们真的应该把矛头指向自己。马知道我们对它们的感觉,它们的行为也会反映出来。

有时候我们最纠结的标签就是我们自己给自己的。当我遇到简的儿子彼得和卢克时,他们经历了很多事情——多次离婚,年轻时房子被烧毁,经济状况很糟糕。这些环境给他们每个人都带来了沉重的负担,尤其是彼得,他从小在怀俄明州富裕的杰克逊霍尔长大,明显喜欢向人挑衅。

接到校长办公室打来的电话说彼得又惹上了麻烦,这种情况并不罕见。一般来说,虽然校长没有恶意,但他的这种行为反映了一种更深层次的不满。我和简担心他会接受这个"麻烦制造者"的名声,如果不解决这个问题,可能会让他走上歧途。

正如彼得后来告诉我的那样,在那些性格形成的岁月里,他觉得自己被低估了。他以为人们只会把他看成一个戴着可乐瓶眼镜、脊柱侧弯的矮胖孩子。事实上,大多数人,甚至是让彼得反感的老师,都本能地喜欢彼得,并意识到了他的潜力。但他认为自己是一个需要证明一些事情的可怜孩子,这体现在他在学校的行为上。

当彼得进入高中时,他准备改变自己给自己贴的标签。他用自己的话来说,就是"有意识地努力打开我的身份开关"。他没有让不安全感和愤怒情绪来定义自己,而是有意地把自己的精力投入到"做一个别人喜欢待在你身边的人"。很快,他成为班里的尖子生,当选为学生会干部和成为美国国家高中荣誉生会的成员,还是大家公认的返校节舞会之王。

那些早年的记忆让我本能地知道,"麻烦制造者"并不是彼得的本性。他只是不知道如何为自己划定好界限,或者尊重我们为他划定的界限。我必须耐心等待,让他找到自己的方向。他做到了。彼得继续在宾夕法尼亚大学学习,在政界建立了一段伟大的职业生涯,并成为一位出色的丈夫和父亲。有一天,当他告诉我和简,他很感激那些年我们没有对他太严厉时,我很感动。

"你们没有根据我当时的行为来定义我,"他说,"你们唤醒了我最好的一面。"

对于孩子和马来说,语言是有力量的。态度决定行动。

这并不意味着，当孩子做出越轨之事时，父母总要受到责备。人们会因为各种各样的原因做出选择，如果我们所爱的人误入歧途，我们不能对自己太苛刻。但是，我们总是可以努力看到别人的优点，发挥他们的最大潜能。重要的是，我们不仅要看到他们现在的样子，还要看到他们可能会成为什么样的人。即使他们表现得很糟糕，需要自律，我们也可以这么做：激发他们改变自己的潜力，激励他们展示自己的优点，而不是强化他们的缺憾。

俗话说："石头棍棒或可断我筋骨，但中伤诬蔑却莫奈我何。"这句话与事实大相径庭。我仍然记得父亲对母亲或哥哥说的话所造成的伤害。在那些日子里，我常常想，我宁愿被棍棒打，也不愿从我爱的人那里听到那样的话。言语能直击你的灵魂。

别人的判断和期望对我们的影响比我们意识到的要大得多，尤其是这些判断和期望来自我们尊敬或敬仰的人。他可能是一位导师或老师，也可能是在我们的行业或运动领域取得成功的人，或者是我们钦佩的领袖。如果你的父母、老板、老师、导师、教练，甚至是朋友，对你的潜力深信不疑，你就会知道这是多么具有变革性的。如果你曾经遇到过当面或在背后严厉地或轻蔑地谈论你的人，你就会知道这是多么具有毁灭性的。任何有影响力或权威的人都需要特别注意自己与尊敬自己的人说话的方式。

我们用语言创造我们的世界。我有时听到其他农场主的抱怨："为什么现在找个好帮手这么难？人们不想再工作了。我自己能更快更好地完成这项工作。"果然，这些人似乎永远找不到好帮手。而我和简毫不费力就能找到好帮手。

我钦佩的领导者应该对自己的同事充满尊重和感激。你知道吗？那些人一定会不负众望。这可能不会马上发生，但迟早会发生。

相信马会有进步

改变很少在一夜之间发生——无论是马还是人。有时我们可能会觉得对某人深有潜力的信任是错误的。大黑马勇敢的心就是这样。起初，我想知道这匹大黑马能否名副其实。只要有一点动静，它就会拔腿就跑。如果我拿起任何东西，比如粪肥叉或铲子，它就会发出一声深深的呻吟，准备挨揍。我甚至不能吐口水，否则它会跑掉。驯服这么强壮的马可能很危险，稍有不慎就可能酿成大祸。

我和大黑马勇敢的心一起工作几次之后，我就可以接触和控制它了，它也不会逃跑了。令我大为欣慰的是，我甚至骑到了它的背上，它对此没有反抗。它还是很紧张，但也有进步，所以我把它带到更大的围栏里，这样它就有更大的活动空间了。我以为这能帮它建立信心。接下来是我经历的最狂野、最恐怖的一次骑马。大黑马勇敢的心起飞了，就好像我是一头落在他背上的美洲狮。当它在围栏周围全速奔驰时，我只是一个过客。我身体的任何轻微的动作或移动只会让它更害怕。如果它绊了一跤，我被压在它身下或被马镫拖着，那该怎么办？我所能做的就是给它跑步的自由，希望他很快就会意识到没有必要跑得那么快。最后，它精疲力竭，放慢了速度，先是小跑，然后是步行，我才得以从马鞍上滑下来。当我撞到坚实的地面时，我的腿瘫软了。第二天，我们又重复了那可怕的一幕。还会有下一幕！通常对其他难驯服的马有效的方法似乎对它不起作用。它无法摆脱自己的恐惧感，而我在努力控制自己和简的恐惧感，她认为我冒这样的风险是疯了。

一天晚上，我站在围栏边，看着大黑马紧张地踱步，我问自己："这值得吗？我为什么要这么做？我想向谁证明？我要证明什么？"我不想放弃一匹马。我知道，对很多人来说，我已经穷途末路了。但我不能帮助所有人。我对大黑马勇敢的心的期待太多了吗？不知怎的，我不能让自己转身离开，即使我知道这是一个危险的选择。我只是不能放弃我在它身上看到的潜力。

最后，我打电话给我的老朋友汀克寻求建议。当我告诉他关于这匹马的事情后，我问他："你会怎么做？"

"好吧，"汀克慢吞吞地、若有所思地回答说，"不是所有的马都值得你这么费心。但如果你认为这匹马值得，为什么不试着一天骑它两三次,并且每次只是满足于最小的进步呢?如果你每次都让它顺利撤退,最终,它就会像上次那样每次都从头开始。坚持下去,继续做正确的事吧。"我接受了他的建议,继续和勇敢的心合作。

起初,我几乎觉察不到它的进展。它仍在不停地逃跑,偶尔还会绊一跤,好像要摔倒似的,我急的心都快跳不动了。但我注意到,它逃跑的距离每天都在变短,在训练结束时,它开始放松,而不是仅仅因为疲惫而减速。

在一次演示中,大黑马做出了特别显著的改变。它低着头,像只小狗一样跟着我。然后,带着信任,它站着不动,我骑在它的背上,它平静地绕着围栏走,我在它头顶上抖了抖我的雨衣。就在几周前,这是不可能发生的情景。观众对它的进步感到高兴。许多人一次又一次地回来看它,被这匹漂亮的马努力克服恐惧感的故事所感动。

那天的观众中有大黑马的主人海尔格。她经常来看它工作,她似乎很喜欢在农场帮忙。当海尔格和简并肩工作时,前者开始敞开心扉,讲述自己过去的一些考验、破裂的感情和失望的历程。很明显,她已经熬过了一些艰难的时光,因此,她不容易信任别人。海尔格在目睹了大黑马的突破后,含着泪向我走来,可是,当我问她是什么触动了她时,她身体一缩,一句话也说不出来。

那年夏末,大黑马不仅没有辜负我的期望,而且超出了

第三章 给马取个匹配的名字

我最狂野的期望。它名副其实。它的恐惧感已经消失了,它心甘情愿地成了农场工作和长途骑行的合作伙伴。我开始训练它越过障碍,它表现出极大的天赋,以至于当地的一位障碍赛马教练主动邀请它参加比赛。这让我们兴奋不已。

当我们打电话给海尔格,告诉她这个好消息时,她的反应让我们大吃一惊。"我不相信那匹马,"她说,"我不想再往它身上投钱了,也许我应该用药结束它的生命。"

这根本说不通。她看到了大黑马是如何进步的。为什么她就不能放下过去对它的印象呢?她真的不相信它变了吗?我拼命地想出了一个解决方案,甚至提出成为它的主人之一,并支付它的培训费用。但海尔格像一匹闷闷不乐的马一样奋起反抗,并且拒绝讲道理。她只是不停地重复:"格兰特,我不想它伤害任何人。"

我竭力叫道:"现在说这个有点晚了,女士!"我已经在这匹马上冒着生命危险好几个星期了,她当时似乎还不太担心。现在它已经到了不再对任何人构成威胁的地步了。我让别人骑过它,我甚至让一个12岁的男孩来照料和打理它。它已经走过了漫漫长路。很明显,大黑马已经放松了警惕,开始信任人类了。为什么她现在突然担心起它来了?她似乎看不见眼前的东西。最后,我提出直接从她那里买马,但她拒绝了,只同意我可以和大黑马再合作两个星期。

大黑马继续取得进步。我们一直希望能说服海尔格卖掉它。后来我收到一封信。海尔格在信里指责我们想从她和马的身上获利。这个女人真是疯了，金钱是最打动不了我的东西。事实上，我冒着失去谋生手段的风险雇用了它。但我还没来得及反驳，海尔格就说她以前也遇到过这种情况：一个男人从她那里买了一匹马，告诉她这匹马一文不值，然后转身卖了一大笔钱。她不会再让这种事发生了。那一刻我们明白，我们所做的或能做的任何事情都不会影响局势。这与大黑马的故事无关。

尽管如此，我仍在努力。我给她打电话，但她拒绝和我说话。她牵起马，说要带它去见另一个驯马师。看到它离开，我很难过，不过，我还是松了一口气，想到它可以继续取得进步，我就放心了。几个月后，我们又收到了海尔格寄来的一封信，信中提及大黑马精神欠佳。她一想到它会伤害别人就无法容忍，所以她让兽医用药结束了它的生命。

我和简都崩溃了。在大黑马经历了这么多之后，在我和它克服了艰难险阻之后，海尔格却不能再给它一次机会。海尔格过去的经历让她无法相信大黑马确实改变了。她不仅看不到它的潜力，而且，当它就在她眼皮子底下开发潜能的时候，她都没有意识到。

宽恕是一种选择,但不易做到

我们只会看到我们想看到的东西。有时候,当我们受到伤害时,我们只会看到整个世界都在伤害我们。我们中的许多人甚至没有意识到,我们是通过不信任、恐惧和愤世嫉俗的犬儒主义的面纱来感知生活的。我们对过去的错误耿耿于怀,以至于它们继续塑造着我们的现在。虽然大黑马勇敢的心战胜了恐惧,原谅了人类对它的虐待,但是,海尔格还是没有从中吸取教训:宽恕和治愈。

人们常说,坚持怨恨和愤怒就像自己在喝毒药,却希望别人会死;宽恕是我们给自己的礼物。在大黑马勇敢的心死后,这两句俗语对我来说都有了更深的意义。我一生中的大部分时间都在努力探知宽恕的必要性和力量。我的灵感一直来自我的母亲珍妮,她一直在原谅我的父亲在他们婚姻的最初几年对她的言语侮辱。我相信,正是她原谅了他,才给了他改变的自由。她没有抓住过去不放,也没有坚持用他过去的言行来定义他。在后来的婚姻生活中,我的母亲经历了许多艰难的时期,父亲也成为一个非常有爱的丈夫。在她最后一次生病期间,父亲偶尔会说"没有她我活不下去"。果然,在母亲去世后的第七个星期,他也撒手人寰了。

当然，事情并不总是这样的。仅仅因为你原谅了某些人并不意味着他们会改变，你也不能带着改变的期望去原谅他们。但我确实认为，拒绝原谅会让一个人更难改变。这也会让你更难向前看。我并不希望海尔格会改变，但我知道我需要放手，这样我才能摆脱那些负面情绪的重压。不过，这很艰难。特别是当第二年夏天，大黑马的粉丝来看它的时候，我不得不对他们说出它的悲惨结局。我的脑海中不断浮现那匹漂亮的马，以及它将"成就伟业"的情景。我知道，它为了改变付出了多少努力，因为我一直陪伴着它。海尔格怎么能抛弃这一切呢？为什么它要为海尔格受到的伤害付出代价？这些想法和烦恼一直折磨着我。我试图继续前进，专注于我仍然可以帮助的马匹，但我无法把大黑马勇敢的心从我的脑海中抹去，也无法把对海尔格的愤怒从我的心中赶走。

我学到的是，宽恕是一种选择，而不是一种感觉。"我永远不会原谅那个人，"我想，"我就是做不到！"但是，为了释放你自己，你需要迈出那一步，哪怕只是说说而已。你可能需要对那个人说出来，也可能不需要表达出来。也许你只需要对你信任的人说，对你自己说。一开始你可能很难说出这些话，但无论如何都要去尝试。言语是感情的开始。你可以选择说："我把那个人从我的愤怒中释放出来，我选择宽恕！"这是你能做的自由的事情之一。一开始你可能会觉得很假，这看起来像是在自己欺骗自己。但如果你一直这么说，最终你的感觉也会跟上你的表达。

宽恕是我们在生活中可以学到的最艰难也是最重要的课程。和很多事情一样，和马相处比和人相处更容易。如果一匹马踢了我或咬了我，我不会把它当成私人恩怨，给它贴上"坏马"的标签。我对它没有怨恨。我只知道它过去的一些事导致了它那样做，现在该我来努力帮它了。

我提醒自己，海尔格也是如此。她只是活在了自己感知的世界里，为自己的过去而痛苦。就像大黑马勇敢的心告诉我的那样，相信一匹马并让它从过去的痛苦中解脱出来，这基于一种非凡的力量。人也是如此，尽管这很难做到。虽然我和简都很受伤和失望，但我们知道，我们必须放手。

宽恕并不意味着你接受或原谅错误，但这意味着你的判断对事不对人，也意味着你选择不再继续恐惧、愤怒和不信任的恶性循环。如果我们不原谅，就会让这种破坏性的情绪继续存在。套用一句俗话，受伤的人会伤害人。那么，受伤的人也会伤害马。

当我决定原谅海尔格时，我又开始想念大黑马勇敢的心，并试图向它学习，哪怕是鼓起一丁点儿勇气。直到今天，我还经常想起那匹健壮而勇敢的大黑马，以及它给我们上的课：如何面对恐惧，如何宽恕，如何从过去的心魔中解脱出来，并朝着命运的方向勇往直前。

照片由约翰·巴尔森提供。

Chapter Four

第四章

明确的界限会让马儿快乐

尊重是爱的伟大的表达方式之一。

——堂·米格尔·路易兹(Don Miguel Ruiz)

像马一样思考

第四章　明确的界限会让马儿快乐

怀俄明州的莫兰小镇是地球上美丽的地方之一。我们的农场坐落在一个郁郁葱葱的绿色山谷里，山谷一直延伸到雄伟的蒂顿山脉脚下，蒂顿山脉在西边地平线上耸立着一座座参差不齐的山峰，拔地而起，引人注目，这种景色永远不会过时。我喜欢看山势随着天气的变化而变化。然而，在一年中的某些时候，莫兰也是地球上极冷的地方之一。事实上，这里出现过该州有记录以来的最低气温：1933年2月9日，零下66摄氏度。这里的老一辈的人喜欢讲述一些具有历史意义的冬天的故事：麋鹿站着被冻死，汽车日夜不停地开着以防止引擎结冰。

对于人类和马来说，即使是"正常"的冬天也是很难熬的。因此，每到年末，大雪和严寒就会笼罩着群山，我和简会把我们的小狗格雷西和我们的马装上车，驱车向东南方向，前往我们在怀俄明州帕维利恩的家，就在温德河印第安保留区附近。美洲原住民部落称其为"温暖谷"，虽然这可能有点儿夸张，但它确实是一个更容易度过最寒冷月份的地方。成千上万的马和牛在那里过冬。窗外的景色没有莫兰那么闻名,但对我来说一点都不逊色。

晨曦初露,当我起床时,我可以从窗口看到农场上的两群马,并观察它们的行为,直到小狗格雷西每天早上把它们带进来。我特意把主楼建在楼上,这样我就可以盯着那些马了。我可以一连几个小时看着它们,而且经常如此。如果你看到我坐在那里,你可能会认为我在做白日梦或打发时间,但事实上,我认为我是在接受教育。

一个马群(无论是五匹还是五十匹)中的大多数马,都会很快学会如何和谐地生活在一起。马天生是群居动物。在野外,为了安全、方便和陪伴,它们会团结在一起。因此,它们获得利益的基础在于和睦相处。毕竟,彼此争吵和争斗会消耗更多的精力,而且会分散它们对寻找食物、保护马群免受外部威胁(无论是掠食者还是敌对的种马)和养育后代等基本事务的注意力。一群马一开始可能需要解决一些问题,但很快就会适应一种有效的社会模式。

我常希望人类也能如此。无论是在家庭、企业还是社区,我们似乎都不太擅长找出我们之间的差异并学会如何共同生活。我不仅仅是说我们要成为朋友。事实上,我们可以从马身上学到的重要的教训之一是,设定明确的界限和建立尊重。我认为,这对于一个快乐的家庭、一个快乐的团队或一个快乐的社会相当重要。

第四章 明确的界限会让马儿快乐

在一个外行的眼中,我们窗外的景色可能只是一群大小不同、颜色各异的马在懒散地消磨时间。如果你凑近一点看,你可能会注意到,它们在"嗖嗖"地把苍蝇从彼此的身上赶走,或者为朋友搔痒,或者在阴凉处或阳光下打盹。大多数时候,畜栏里没有什么刺激的事情,除非是早餐时间,或者是一对小马儿想调情,暴跳起来互相撕咬。当你懂了马的语言,这看似枯燥的场景就变得迷人了。这里有持续的互动和微妙的交流。马群里长期存在一些更年老、更有统治力的马。它们可能会指导或训练较年轻或新入群的马。总有一个领导者赢得了其他马的尊重,成为领头马。从此便有了一系列的命令和等级制度。

当马儿晚上去农场时,你可以看到,它们会各自排好队。从上到下,每匹马都能找到自己的位置,这样它们会感到安全。马群的"底层"并不意味着它是最弱的马,这只意味着那匹马的个性适合那里,而且它在那里很舒服。这里有特殊的友谊和竞争,还有一个明确的社会等级制度,并且一直通过肢体语言得到强化。

马儿们都喜欢这个秩序。这是它们的天性。它们想要一个强大且做事明确的领头马,它们想要一个公正,而不是滥用职权的领头马。我认为人类也是如此。我们有一种与生俱来的公平感。如果你观察马是如何互动的,就会发现它们会自然而然地尊重好的领头马并追随之。它们与我们人类的关系是一样的。如果我们强大且做事明确，它们就会跟过来。如果我们含糊不清、前后矛盾，它们就会质疑和挑战我们的权威。

不久前的一天，我端着一杯咖啡坐在窗前，专注地看着马场。我最近买了一匹小马，前一天刚把它介绍给我的马群。它看起来像一匹前途无量的公马，有着一身漂亮的银蓝灰色皮毛（马类术语为"青沙毛"），这使它赢得了美名"康乔"，指的是马鞍或马笼头上的一种银饰品。当我去它的前主人那里接它的时候，我注意到它和其他几个同龄（两岁）的小马驹一样被关在了一个围栏里。我问那个女主人，它有没有过群居生活，女主人摇了摇头。

我并不感到惊讶，很多人把小马和老马分开养，但我对此感到失望。这对我来说意味着更多的工作，需要教这匹年轻的马一些关于尊重的基本课程。如果一匹有价值的马和一群比它老、比它大的马一起出去，人们会担心它被踢或被咬，这是可以理解的。不幸的是，实际上那些马主人在置小马于失败之地。许多人没有意识到的是，如果剥夺了幼马学习尊重马群中的长辈、接受老马指导的机会，它就更有可能受伤。它会认为自己很强大，因为它能在战斗中打败其他小马，但它过于自信，因为它从来没有接触过它的长辈。果然，虽然这匹小马已经习惯了被人牵着走，也不害怕人类，但它有一个可能更难以纠正的问题：不懂

第四章 明确的界限会让马儿快乐

什么是边界感。

当我把小马康乔带回农场时,我把它和我们的一群骟马(绝育的公马)赶了出去。我知道我的骟马能比我更好地教它讲礼貌。我坐在窗边,看着它一路挤到我最老的马"斑叔"旁边的食槽旁。老马斑叔是马群中无可争议的头领。这匹小马就像一个不知道如何尊重长辈的自大的孩子,它正在自讨苦吃。老马斑叔是个善良公正的领袖,但它不会容忍不敬。他向后弹了弹大白耳朵,这是一个微妙但明确的警告。小马康乔似乎没有领会这个意思。为什么呢?因为它从来没有机会学习这些东西。

接着,老马斑叔甩了甩尾巴,发出更明确的信号。但这个信号仍然被忽视了,于是,它把屁股朝小马康乔甩去,还抬起了一只马蹄。

就连小马康乔也明白这一点:"滚出我的地盘,否则你会被踢出去。"老马斑叔建立了自己的边界,小马康乔急忙逃之夭夭,寻找另一个食槽。

不幸的是,这并不是这匹小马最后一次越界,果不其然,马群中另一个缺乏耐心的长者在小马康乔的膝盖上方咬了一下,造成了一个很深的伤口,尽管我们对它悉心照料,伤口还是迅速感染了。这种"缺乏尊重"的行为导致小马康乔去看了兽医,并接受了长时间的抗生素治疗。等了几个星期,它的伤口愈合后,我才开始和它一起学习尊重马和人。我希望它在生命的早期就有机会更自然地学习这些课程。

尊重先于友谊

如果一匹马想要成为马群的一员，想要成为人类的好伙伴，那么，尊重界限是它必须学会的最早也是最重要的一课。我们会想当然地认为，如果我们对马足够好，它就会对我们好。但是，被宠坏的马和过度放纵的马往往会变得咄咄逼人，并且难以驾驭。

小马驹就像小孩子一样，如果我们没有教它们建立边界感，它们就会粗鲁地去吸引别人的注意。它们会钻进你的私人空间，用汗津津的脑袋蹭你的胳膊，直到你失去平衡站不稳。它们会踩到你的脚或者打掉你的帽子。它们爱闯祸，是因为它们不知道应该什么时候停下来。当我们不能教别人建立边界感的时候，我们可能会认为，我们是在善待他人，但实际上，我们是在帮倒忙。

我一遍又一遍地看到：明确的界限会让马感到快乐。

马与马之间也会彼此设定界限。所以，当你设定界限时，你的思维和行为就像马一样，这会让它们更容易喜欢你和信任你。明确的界限会让马感到安全。有些人非常努力地去获得马的爱和信任,但是,一旦马变得自信且开始咄咄逼人,他们就不敢在人与马之间设定界限,因为他们会担心失去与马的友谊,让自己所取得的一切进步付诸东流。事实上,没有明确的界限才是阻碍他们前进的原因。如果马因为你的行为不一致而失去对你的尊重,它很快就会摒弃对你的信任。

这是我经历过的一个惨痛的教训:如果你为了感情而失去自己的边界感,你迟早会失去这段感情。

根据我的观察,人和马一样需要边界感。在明确的界限中长大的孩子在社交环境中会发展出更健康的自信。在与领导们共事20多年后,我开始相信,当职场上有明确的界限时,员工们更有可能在工作中茁壮成长。对于太多的人来说,工作和家庭之间的界限变得模糊的一个常见例子是,自从科技让我们每时每刻都联系在一起,疫情把许多人的家变成了办公室,这种情况只会变得更糟。不久之后,老板会在晚餐时间打来电话,希望有人接听。于是,人们开始感到不受尊重并心存怨恨,这并不奇怪。

在各种各样的伙伴关系中,无论是在商业、婚姻、体育,还是其他任何领域,设定界限并进行清晰的沟通,都会产生重大影响。然而,根据我的经验,人类并不总是善于设定明确的界限。如今,我们的文化也帮不上忙。人们如此怀疑权威,捍卫自己的个人权利。在这个过程中,界限很容易被打破,尊重也会被轻易践踏在脚下。

现在很多父母都想成为孩子最好的朋友。但问题是：尊重先于友谊。你首先是孩子的父母，然后才是他们的朋友。我们都见过被宠坏的孩子会做些什么，他们不会因为发脾气和不良行为而受到惩罚。你还没来得及意识到，他们就已经成了不听父母或老师话的青少年，或者成了无法保住工作或尊重社会法律的成年人。

我为那些在成长过程中没有建立明确的边界感的孩子们感到难过，因为我知道，他们在内心深处很可能没有安全感。还因为我知道，在很多方面，我自己就曾是那样的孩子。我父母让我到处乱跑。我没有被教育要坚守我们可能认为是正常的界限。十岁那年，当我决定带着我的骡子在野外露营过夜时，我的父亲试图说服我，这是一个愚蠢的计划，但他没有竭力阻止我。而我的母亲因为精神健康问题而苦苦挣扎，经常不在家。当时，我觉得这很正常。我热爱我的自由，但我也经历过一些疯狂的灾难。记得有一次，父亲最喜欢的骡子掉下悬崖，差点儿死掉，我冒着生命危险把它救了上来。我现在做了父亲，也当了爷爷。如今回顾往事，我发现当时的自己太年轻了，现在我已无法独自踏上那种冒险之旅，那段时间，没有人知道我在哪里。我从不让自己的孩子这么做。我相信，我小时候缺乏边界感导致了我成年后人际关系中的许多问题，直到后来有了马的帮助，我才能更好地理解如何与他人和自己设定界限。

第四章　明确的界限会让马儿快乐

我们经常会迎接一些家庭来到钻石十字农场，所以我能近距离观察这些问题。比如，一个家庭带着三代人来到农场，庆祝祖父母结婚五十周年。祖父母都是白手起家的商人，开创了一个成功的家族企业，现在由他们的子女经营。就像每当有旅游团来农场参观时我喜欢做的那样，我和老马斑叔在停车场遇见了他们（它和小马康乔的打斗故事还历历在目吧）。它是我的马中无可争议的领袖，也是一个温柔的巨人——聪明、善良、有耐心。人们喜欢被马迎接，我想老马斑叔也喜欢履行它的职责。

大车停了下来，车门开了，一群孙辈从车里跑了出来。我还没来得及阻止他们，他们就跑到老马斑叔的脚下，把自己置于非常危险的境地。一个小女孩甚至抓住老马斑叔的后腿，好像要拥抱它。任何一匹正常的马都能把这个小姑娘踢飞。谢天谢地，老马斑叔是马中的圣者，它像岩石一样一动不动地站立着。然后，它仰着头看着我，好像在说："这是演的哪一出呀？"

我把小女孩从它的腿边拉开，坚定地告诉其他人后退，然后等了一会儿，让她的父母介入，建立一些边界感。但他们似乎认为这无关紧要。祖父母也没有插手，尽管他们的表情更加严肃。所以我自作主张，为了他们的安全和我自己的安全，对那些孩子采取了一些强硬措施，并向他们解释为什么他们的所作所为是不尊重马和彻头彻尾的危险行为。

整个晚上，我都在对一个事实感到惊讶：那些明明知道如何经营一家成功的企业，并在职场中领导一大群人的人，却无法与自己的孩子设定简单的界限。大人说话的时候，这些孩子根本不听。他们爬上了围栏，那里有一匹未经训练的野马正等着我用它做骑马演示。他们甚至用祖父母漂亮的周年纪念蛋糕互相抹脸，完全毁了蛋糕。我和简都惊呆了。然而，大人们似乎对这一切都无动于衷。有些人甚至觉得这很有趣。

对于孩子，问题不仅在于父母没有设定清晰的界限，还在于他们不让自己的孩子知道如何与比自己年长或年幼的人相处。如果你让一群孩子在一起玩耍，他们就会形成自己的社交模式，就像我窗外的那群马一样。大一点的孩子不会忍受小一点的孩子不尊重他们，小一点的孩子会努力在大一点的孩子面前大出风头。当然，孩子们并不总是友好地解决他们的分歧，有时甚至很残忍，所以，明智的做法是让他们保持距离，以防出现令人不安的行为，甚至可能需要成年人介入。但我担心，为了保护我们的孩子不受欺负或伤害，我们走向了另一个极端，基本不允许孩子在没有密切监督的情况下玩耍。我不知道这是否弊大于利。

作为马群的领袖，我尽量让我的马在一定程度上自己解决问题。但我会坐在我最喜欢的靠窗座位上密切注意，如果马群里有"恶霸"要伤害其他的马，我会立即处理这种情况。"恶霸"要么被绑起来，要么被关进单独的围栏里，罚一次禁闭，并接受一次关于边界感的教育。如果这些方法都不能解决问题，我会偶尔走得更远，骑上那匹遭到霸凌的马，然后举着旗帜追逐那个"恶霸"。我会让其他的马也看到这一幕。如此，"恶霸"就会变得谦卑。要说有什么是我不能容忍的，那就是我的马群里出现一个"恶霸"。

请尽力温柔，但必要时尽量坚定

没有边界意识的孩子或狗可能会令人讨厌和不愉快，而有同样问题的马就会变得危险。即使是一匹小马，其重量也是普通人的 5 倍，我曾经有过一些更大的马，它们的重量约 1500 磅（1 磅 = 0.4536 千克）。你不能让它们觉得它们可以把你推来推去或者爬到你的身上，哪怕是一次也不行。我们曾经带过一匹没有任何边界意识的母马去训练，一大早上，当简打开马厩门时，我们还不知道发生了什么，它就从简的身上冲了过去，把简推到墙上，导致她摔断了锁骨。简遭受了巨大的痛苦，做了两次手术，还被吊了几个星期的石膏，更糟糕的是，我训练那匹马赚的每一分钱都花在了医药费上。这就是把别人的马拿来训练的问题所在——你并不总是知道它们在原来的家里养成了哪些习惯。如今，简在与马群中的马打交道时，往往会带着一面旗帜或一根鞭子来吸引马的注意力，从而加强自己的边界，就像老马斑叔摇摆着尾巴宣誓自己的主权一样。

如果一匹马还没有从马群里的长辈那里学会边界意识，那么，教给它这些知识点——边界应该被尊重，越过边界总是会有恶果的——是至关重要的。允许马越过一切已设的边界，不仅对相关的人来说是危险的，对马来说也是残酷的。我们可能会再次认为，让马做它想做的事是对马好，其实，我们是在让马在生活中与人类发生冲突，并逐步推行更严厉的管教。

当我开始教一匹马如何界定界限时，尤其是那些需要提升边界意识的马，我会从一个简单的警告开始，如一句坚定的话语或一个明确果断的立场，就像老马斑叔一开始就甩出一个轻弹耳朵的动作，但我愿意做任何事情来建立尊重。这是我工作的核心原则之一：请尽力温柔，但必要时尽量坚定。

每匹马都是不同的，就像每个人一样。有些马非常敏感，想取悦人类。对它们来说，即使是瞥了它们一眼也足够让它们自律了。对于年轻的、野生的或受过创伤的马来说，它们需要边界之间有更多的空间，这样它们才不会感到被困和恐慌。其他的马可能需要强硬的手段来传达信息，特别是如果它们因为反复放纵或不协调的训练而变得迟钝。

第四章　明确的界限会让马儿快乐

我从不虐待马，但我也不害怕在需要的时候对它施加惩罚。你总是想要柔和地开始，但如果马没有反应，你就每次增加一点压力，并坚持下去，直到它有所改变，然后立即释放压力以奖励这种改变，并让马思考起来，希望它对自己所做的改变感觉良好。

在某些情况下，你可以简单地用你的声音建立边界感。记得有一次我在诊所看到世界冠军驯犬师杰克·诺克斯（Jack Knox）。我从来没有听过一个人的声音在交流中有如此令人难以置信的边界感。如果狗走错了方向，杰克的声音就会提高，速度和音量都会增加："啊……啊……啊……啊！"当狗回来的那一刻，他的声音就会变得柔和，变成了低吟："好……好……好孩子。"他对施压和释压的判断非常准确，并且只用声音表达差异。很多词我都听不懂，但对我和狗来说，意思非常清晰。对与错之间的明显区别是毫无疑问的，狗的反应也非常明显。虽然"边境牧羊犬"的名字来源于英格兰和苏格兰之间的地理边界地区，但我认为，它们的名字也有"边界"之意，这是名副其实的。羊或牛也会凭直觉理解边界感，很快就学会尊重狗设定的界限。

至关重要的是，要在生活的各个方面设定明确的界限，但我们中的许多人都没有受过训练，不知道如何像边境牧羊犬那样熟练地做到这一点，也不知道当这些界限不受尊重时，如何执行界限规则。当他人越过我们的界限时，我们会感到愤怒和沮丧。但如果我们从一开始就没搞清楚界限在哪里,我们还能期待什么呢?

有时人们甚至没有意识到他们在践踏界限。明确你的界限并不能保证别人会尊重你的界限,但这至少为你奠定了基础。然后,你开始尽力温柔,但在必要时要尽量坚定。正如教过许多天才骑手的伟大导师汤姆·多兰斯曾经说过:"这可能会让你倾尽所有。"

边界感的经验教训

驯马时的最大挑战就是要让马摆脱恐惧,在不失它的尊重的前提下赢得信任。很多时候,一旦一匹马不再害怕,它就会开始随意推你。

如果你不敢在那个时候管教它,它就会对你失去尊重。一个好的骑手总是对保持管教和仁慈之间的平衡很敏感。我有时会想象在我面前的沙子上画了两条线:一条离我很近,另一条离我很远。更远的那条线是恐惧线。当你第一次和一匹马一起工作时,你要努力鼓励它跨过恐惧线,靠近你,并且愿意信任你。你需要大量的努力、时间和耐心,才能让它走到恐惧线的正确一侧。一旦它开始信任你,它迟早会越过更近的界限,即不尊重的界

第四章　明确的界限会让马儿快乐

限。现在它就在你面前，不尊重你的界限，还可能危及到你。那你怎么办呢？许多人不敢管教马，因为他们花了太多的时间来赢得它的信任，害怕会失去它。事实上，当你因为它的不尊重而施加一些压力时，它很可能会生气，然后越过恐惧线逃走。现在你必须重新赢得它的信任，让它乖乖回来。这不会花费太长时间，而且，当它乖乖回来的时候，就不太可能变得不尊重人。在理想情况下，你要让马保持在这两条线的中间。这是个甜蜜地带——它尊重你但又不怕你。我相信，这就是汤姆·多兰斯所说的那匹马"好极了"的状态。

你越早教授马关于界限的知识，效果就越好。较之第一次建立起对人类的尊重，回去纠正它们这种已经成为习惯的不尊重，那会艰难得多。这就是为什么和一匹害怕的马一起工作并赢得它的信任要比和一匹被宠坏且无所畏惧的马一起工作容易得多。一匹野马在已建立尊重的基础上，还需要克服它的恐惧，这样我们才能成为朋友和伙伴。一匹乖马把我当成了它的伙伴，但如果它还没学会尊重我，它对我来说可能更危险。

下面以小母马"丝绒"为例。它是一匹三岁的漂亮、活泼的黑马，是我的一个邻居养的。它从出生那天起就被主人爱着，但它也被过度溺爱了。它的主人凯伦想成为它最好的朋友。当我训练它的时候，这匹小母马既黏人又紧张。当我走进它的畜栏时，它会直接挤到我身边，想要被爱抚一下，但如果有什么东西吓到它，它就很容易从我身上碾过去。我和它的合作不是为了赢得它的信任或克服它的恐惧。它需要知道：尊重第一，友谊第二。

有一天，我把小母马丝绒带进圆形围栏里，给来访的一个公司团体做演示。她被人群吓坏了，很自然地跑到围栏的一边，那里离人们坐的地方最远，但离大门最近。它昂首挺胸，尾巴在微风中摇曳，来回踱步，越过栅栏看着畜栏，其他的马都站在那里。那些马并没有太在意，因为它们以前看过很多次这种现场秀了。然而，人类观众却被小母马的滑稽动作和它的美貌迷醉了。

我使用了一个简单但非常有效的训练用具来给小母马丝绒上一堂关于界限的课。首先，我在地上放了一根粗大的白色游艇绳，横跨三分之一的圆形围栏，把围栏分成明显的两个部分，较小的部分是最接近观众的场地。

"我需要你们帮忙教它尊重这个界限，"我告诉观众，"我们想让它待在绳子的一边，就是离你们最近的那一边。我希望它能尊重这一界限，而不是跨过边界去围栏的另一边，就是它现在所在的位置。"

这是一个不小的挑战，原因有几个。第一，小母马丝绒在围栏里很放松，没有任何约束，绳子就在地上，所以它没有真正的障碍。第二，马的本能总是远离人群，而不是靠近人群。第三，马知道围栏另一边的门是通往自由的路，或者是回到自己的安全之地，也就是马群里。

我用我的旗子把小母马赶过绳子，使它站在离观众最近的一边。"这是我们想让它待的地方。"我解释道，"所以，当它跨过绳子到另一边的时候，我希望你们大喊大叫，并热烈鼓掌，尽可能多地发出声音。当它一走回这边，你们就可以完全停止噪声了。但请大家记住，要等它的四只马蹄都站在这边再发声，而不是两只马蹄或三条腿跨过这边。"噪声对马来说是可怕的，所以我们可以在训练中用噪声作为一种施加压力的形式，当马按我们的要求做事时，我们可以用沉默作为一种释放压力的方式。

小母马丝绒一跨过边界，骚动就开始了，它迅速穿过绳子跑了回来。现场回归安静。它又踩过去了。噪声又起。它又跑了回来。现场再次回归安静。只用了几个回合，它就根据自己的自由意志，选择待在绳子的正确一侧，尊重界限。这又回到了我在本书前面提到的另一个核心原则（将在第五章深入讨论）：让正确的事变容易，让错误的事变难——并给它们选择的自由。

我对小母马丝绒的进步感到高兴，而观众也一如既往地对它如此迅速地获得灵感感到惊讶。等到丝绒回家的时候，它学会了在我抚摸它和骑它的时候对我更加尊重。它学会了尊重各种界限，而不仅仅是地上的绳子。它会保持下去吗？这取决于它的主人如何继续强化边界感，坚持尊重先于友谊的原则。我知道，这对它来说是个挑战。凯伦自己也不太擅长划清界限，她很可能会径直走到一些正在谈话的人面前，开始给他们讲丝绒的故事，而不知道自己打断了他们的谈话。我希望我在演示中说的话也能影响到她。她真的很爱她的马，如果她能在与马相处的过程中加入尊重的因子，那对人对马都会好处多多。

界限 + 后果 + 自由选择

划定界限不是对身体的约束或惩罚。这是一条可供选择的界线，越过该线就会产生连带后果。如果我的目标仅仅是强迫马尊重界限，那么我会在围栏上放一个 6 英尺（1 英尺 = 0.3048 米）长的栅栏，而不是在地上放一根绳子，或者我会把马绑起来，这样它就不能越过边界。但那不会让我赢得马的尊重，也不是对马的尊重。界限的力量在于它是自愿尊重的，因此会建立一种相互尊重的关系。

为了让界限发挥作用，这些界限应是清晰的、一致的，并产生连带后果。如此，你就给了马或人做出选择的自由。我第一次在圆形围栏里做界限练习时，只是用靴子在泥土上画了一条线。问题是，这条线并不清晰。宽大的白色游艇绳效果更好。但如果没有噪声，光靠绳子是不够的。马可以自由选择从上面跨过去，但它很快就知道这样做的后果是噪声四起，这让它感到了压力。因为我一直坚持这个结果，所以它很快就会做出正确的选择。"你可以选择大门，"我告诉它，"但这样做是有后果的。"当它做出这样的选择时，我不会惩罚它或虐待它，也不会强迫它回去，但我会以噪声的形式施加压力。我会告诉它，它之前所做的选择并不适合它，我会鼓励它去寻找更好的方法。这只有在每次结果都一致的情况下才有效。如果人们只是在它跨过绳子的时候制造噪声，它就不知道该做什么，最终会感到困惑和不安。

只设定一次界限是不够的。当你设定了一个界限及越界的后果时，你必须始终如一地坚持到底。人们认为"就放松这一次"是可以的，但他们没有意识到这会造成多大的伤害。马并不认可模糊的东西。如果你不明确自己的界限，马就会失去信心。如果界线一直在移动，那设定界限就没有任何意义。

毫无疑问，你在父母的身上见过这种情况。我当然也不例外。有一个客户带着她的孩子来到农场，当她试图和我谈论她的马时，她的孩子一直在往她的腿上踢石子。"约翰尼，别这样。"她会这么对孩子说。她的话就是一个界限。但约翰尼并不搭理她。"约翰尼，如果你再那样做，就得坐到车里去。"这是一个界限连带一个后果。但约翰尼又开始踢石子，他的妈妈没有遵守她的警告，把他赶到车里去。她只是不停地对他唠叨，同时试图和我交谈。不管她跟约翰尼说了什么，她说的话并不是真心的，因为这个妈妈说话不算数。

这对马也奏效。如果在你骑马的时候，马想要啃一口草，你把它的头向上牵拉，它就会停止尝试，但如果下次你让它去啃草，就等于在告诉它，它可以继续尝试。所以它会不停地低头去把你从马鞍上拽下来，因为它想吃点儿零食。如果缰绳上的拉力不足以让它停止，那你可以利用在马的肋骨上给予轻微刺激作为辅助。如果这还不能达到目的，那么你可以使用更强的刺激，并继续增加压力，直到它不再越过边界。

在我打马球的日子里，有一个人给我的印象深刻。他是一个好骑手，也是他三个女儿的好父亲。她们是自信、安全、健康、外向的孩子。如果她们失控了，他会用一种特定的语调说出她们的名字，然后给她们一个所谓的"眼神"。这就能让她们乖乖听话。为什么"那个眼神"会奏效？因为该眼神在她们心中有"备份"。毫无疑问，他已经清楚地确定了无视这一点的后果，并且毫不畏惧地坚持下去。

"界限＋后果＋自由选择"：当我们的孩子还是青少年的时候，我和简应用了同样的公式。我们明确了晚上 10 点回家和上床的时间。我们还规定了跨越这一边界的明确后果：在接下来的两个周末不准外出。有了这些元素，我们就不会对他们唠叨，也不会在他们迟到的时候开车到处找他们。我们尊重他们的选择自由，但这不妨碍我们要求他们尊重我们设定的界限。第二天早上吃早餐时，我们会简单地说："亲爱的，我很抱歉你们做出了那样的选择，但是作为你们做出的选择的后果，你们可以在接下来的两个周末和我们一起在家里度过。"

坚守界限，你也可以温柔如斯

很多人认为，界限是僵硬且僵直的存在。我更喜欢把界限想象成柔软而坚实的阵地。你不是那个让事情变得艰难的人——是马或孩子自己做出的选择让事情变得艰难。这里有一个简单的例子可以说明这一道理：当你骑马时，缰绳是一种界限，就像你的腿在马身体的两侧一样。如果马拉嚼子，它就越过了边界。你无须退缩，也不必抽它，但你确实需要牢牢守住界限。你的手可以保持不动，让它感觉它在自己拉自己，那么它会寻找另一个答案。它会抬起头或低下头，把它的下巴拱起以支撑它的脚，甚至穿过你的手。你不需要做任何事，只要保持不动，等待它停止反抗。一旦它不再反抗，你就释放压力，作为它尊重你的界限的奖励。

违反宵禁的青少年也是如此。你不必在他们每次回家晚的时候对他们大喊大叫或大吵一架。你可以对他们陷入寸步难行的困境表示善意和同情。又不是你把事情搞僵了。尽管他们知道后果,但他们还是选择了越界,这是在给他们自己找麻烦。你可以保持温和但坚定的态度,不停地提醒他们还有更好的选择。

当然,对孩子和马来说,挑战界限是成长过程中很自然的一部分,所以,这并不总是轻而易举的事。这就是他们如何找到自己的位置,如何建立独立性,如何定义自己的过程。当你设置一个边界时,你可以期待它被挑战,而它被挑战的事实未必是个问题。只要你尽力温柔,必要时尽量坚定,你就可以突破界限而不必崩溃。

界限让我们合体

我们通常认为界限是我们和他人之间的分界线,无论是人、马还是狗。有时我们确实需要以这种方式设定一个界限,以加强对个人空间的尊重。然而,如果使用得当,界限实际上不是为了分裂,而是为了团结。界限是关于达成一致的期望,通过明确性和一致性建立信任。当有人尊重你，给你空间时，你会觉得他们比那些一直在你面前要求你注意的人更亲近。这就是马群能够和睦相处的原因。

有时，我们之间根本没有界限，或者界限意味着"留下来陪我"，而不是"离我远点"。想象一下，一位母亲带着她五岁的孩子在公园里散步。她让孩子跑在她前面一点点，但不要跑太远。她告诉孩子在过马路前必须停下来，孩子永远不能离开她的视线或一直要听到她的声音。这些界限让这对母子在一起，保证了孩子的安全。

当你与团队一起工作时，你可能会设置个人如何交互和协作的界限，以便保持团队的统一性和一致性。例如，你可以在不打断对方的情况下留出某些时间专注于工作，或者可以为如何做出决定及需要听取谁的意见制定指导方针。设定清晰的界限可以在冲突发生之前预防冲突，并允许团队建立信任和尊重。最后，正如我的妻子简喜欢说的那样，明确设定界限是为了大家好。边界之内的自由是工作和娱乐的安全港湾。

照片由卡莉·巴特勒(Carly Butler)摄影工作室提供。

Chapter Five
第五章
让正确的事变容易，让错误的事变难

只要有武力，就别无选择。

——约翰·乔丁（John Jortin），英国神学家和历史学家

像马一样思考

第五章　让正确的事变容易，让错误的事变难

"世界上没有逃跑这回事！"我曾经听到伟大的牛仔老师雷·亨特说过。"我骑马的速度和它们逃跑的速度一样快！"他说这些话的时候，正骑着一匹火红的阿拉伯种马在一个停车场附近高速奔跑。当时我刚刚开办我的第一个诊所。我希望向他学习，我看着他任由那匹马奔跑，没有试图阻止它，而他也继续引导着马的脚步绕过停着的汽车和拖车，旁观者纷纷让路。最后，马跑累了，自己慢下来了。雷赞扬了马，从马鞍上滑下来，把缰绳还给了马的主人。

最近，当我牵着我的壮马"雄鸡"去农场的大型围栏时，我想起了他的话。壮马雄鸡是一匹8岁且有着良好教养的英俊的马，长着一身深栗色皮毛。它超级敏感，还有个大"马达"。它也很容易受到侮辱，所以我要好好对待它。那天它已经锻炼过了——几个来自东海岸的少女在农场骑马，我让她们带着壮马雄鸡去兜风。她们都是很好的骑手，但拥有传统的骑士风格，强调控制和约束马。当她们遇到像壮马雄鸡这样的热血马并感受到它的焦虑时，她

们的本能是更加努力地控制它的能量，而不是简单地引导它。这种组合导致壮马雄鸡在争夺控制权的同时也在嘴里咬着嚼子，我担心它可能染上了一些坏习惯。我不想和我的马搏斗，也不想约束它，我希望它能选择和我合作。

"对不起，孩子，"我一边说，一边打开门，抚摸着它脖子上的毛发，干了的汗水已经使这些毛发僵硬。这是一个异常炎热的六月的下午，我也在尘土飞扬的圆形马场上工作了好几个小时。就像那匹马一样，我也准备休息一下。但这很重要。"你今天还没干完呢。我需要你回到信任的基础上，先放松，和我保持同步。然后我们就可以愉快地结束这一天了。"

我骑上马。然后俯身向前，取下笼头，把它挂在篱笆上。对于像雄鸡这样精神高度紧张的马来说，这是有风险的。它的嘴里没有金属嚼子，也没有缰绳来减缓速度或引导它，我放弃控制它了。如果这匹马想跑、想跳，或者想做其他什么事，我能做的就是紧紧抓住它。当我和我信任的朋友老马斑叔一起做演示时，我知道它会照顾我，做我想做的事，就好像它能读懂我的心思。事实上，我相信它能做到，或者至少它能读懂我的肢体语言，这种肢体语言是如此微妙，以至于我们自己都看不出来。更不可预测的壮马雄鸡则是另一回事。但在那一刻，我认为我值得冒这个险，让马思考，提醒它有选择的自由。

第五章　让正确的事变容易，让错误的事变难

我把我的驯马方法描述为"有约束的自由"，这并不意味着我不会在必要的时候使用绳子、笼头或者缰绳作为工具。但特别是在一开始，我给了马行动的自由和选择的自由，这给了它学习的自由。

许多骑手害怕小马失去控制，所以更加努力地约束幼马。这使小马驹更加焦虑，经常采取尥蹶子、后腿直立或其他危险的动作，更不用说养成拉嚼子、磨牙和摇头等坏习惯了。当我第一次骑马的时候，我会给马套上笼头（没有嚼子），让它在害怕的时候有很大的活动自由。我不想让它觉得自己被困住了。总是给马一个逃跑的路线是非常重要的，让它有一个开放的空间可以奔跑会给它信心，让它知道自己没有生命危险。

作为驯马师，我的工作就是给马提供选择，让它思考。我想打通它的大脑，而不仅是强迫它的身体服从。我会给它提建议，帮它找到正确的答案，但我从不强迫它做我想做的事，也从不约束它做它认为自己需要做的事。当它做出错误的选择时，它就会陷入持续的压力或艰难的工作中。当它做出正确的选择时，我会让它认为这是它的主意，并祝贺它，奖励它停顿一下或休息一会儿，也许还会在它的脖子上抚摩一下，或者说些安慰的话。我相信这能培养它的自尊。马非常喜欢这种自由，而且学得很快。我认为我们作为人类是非常相似的。我们不希望有人告诉我们该做

什么，或者强迫我们违背自己的意愿。当我们有权自由地做出自己的选择时，我们会更好地接受指导。

选择的自由绝对是和小马一起工作的基础。即使是像壮马雄鸡这样的老马，这也是我一次又一次回想的教训。

领导者们经常错误地认为，达到他们想要的结果的捷径就是不给人们太多的选择。他们的逻辑是，"如果我给人们太多的自由，结果会是混乱。还会有太多的错误和弯路可以选择，工作就无法完成"。因此，他们建立了层层的规则和监督，试图尽可能多地排除系统中的风险和不可预测性。

这种方法的问题在于，当领导者紧盯着人们干活的时候，这种办法可能还能正常发挥作用。一旦领导者需要去别的地方，人们很可能就会懈怠下来。他们不觉得自己是合作伙伴，没有责任独立完成任务。他们为什么要这么做？因为他们没有被当作搭档对待。这是对很多人的侮辱。

你难道不讨厌自己别无选择，或者甚至无法自由表达自己想法的感觉吗？这会让人失去力量，还会导致怨恨。当我们确实觉得自己有选择的时候，我们可能并不总是喜欢眼前的选项，但至少我们对接下来发生的事情有一定的影响。把某人当成搭档意味着给他们选择的机会，相信他们能做出正确的决定。你可以鼓励他们做出正确的选择，你可以提出建议，你也可以为他们所做的任何选择创造结果。但你不能强迫他们。很多人欺负马,就像一些领导者欺负其他人一样。而我的方法更像是协商。

当然,给予马或人们选择的自由,并不意味着没有结构或指导方针。这不是"各自为政"。我可不会在崎岖险阻的开阔地带和壮马雄鸡进行无拘无束的练习。我是在一个安全的围栏里进行的,围栏里有柔软的地基和光滑且坚固的栅栏。这为它(和我)的成功奠定了基础。同样,我认为领导者的工作是通过创造一个学习环境来帮助人们走向成功。在这个环境中,期望和界限是明确的,但在这些参数中存在着自由。这是一个你需要注意的平衡点。我是不是控制欲太强了?我需要放松一下吗?事情变得太自由了吗?我需要创建更多的结构吗?

尊重选择的自由

我从睿智的雷·亨特那里学到的有力的原则之一就是"让正确的事变容易,让错误的事变难"。它允许你给马自由,尊重马的选择权,同时还能得到你想要的结果。马是非常聪明的动物,它们知道继续做一些困难的、有压力的、痛苦的或者使人筋疲力尽的事情并不符合它们的最大利益。它们是生存主义者。给一匹聪明的马一个更好的、更容易的选择,它迟早会接受的。通过尊重个体的选择权,而不是试图强迫马以某种方式行事,一种自愿的伙伴关系就建立起来了,就像我与壮马雄鸡之间所建立的伙伴关系那样。它那天只需要做一点儿"温故而知新"的活儿。

我用我的脚,在壮马雄鸡的头顶附近挥舞着我的帽子,让它绕着场地跑,尘土在我们身后飞扬。没有什么比骑着没有缰绳的马高速前进更令人兴奋的了。这需要很大的信任。当我们走到围栏的另一边时,它转过身,穿过围栏中间,朝大门走去。当它靠近时,它放慢了速度。像大多数马一样,它想在大门口停下来,回到它的朋友们那里去。当它到达围栏的另一边时,它想加快速度,以最快的速度回到大门那里。我想提醒壮马雄鸡如何在不与骑手打斗的情况下停下来。我想让它在围栏的另一边停下,就在它想要加速的地方。我没有在它的嘴里塞一个金属嚼子来执行这个想法,所以,我需要把这个哲理付诸实践——让正确的事变容易,让错误的事变难。

在这种情况下,"正确的事"是让马站在围栏的另一边,冷静地自行停下来。"错误的事"是让马站在大门的附近。因此,每当我们接近大门时,我就会催促它加快速度,我挥舞着帽子,用腿挤压它的身体,保持身体前倾,加快节拍。我把大门和艰苦工作联系在一起。当它接近围栏的另一边时,我深深地坐在马鞍上,镇定自若,用肢体语言向他暗示，我希望它慢下来。

没有缰绳，我就不能让它停下来，但我可以给它一个主意。几个回合之后，它在我想让它停下的地方完全停了下来。我用手摸了摸它的脖子，让它在那站了一会儿。当一匹马做出了正确的选择时，我喜欢让它休息一下，这样它就可以思考刚刚学到的东西，深刻领会其中的意义。这有助于它记住这段经历并从中学习。雄鸡是一匹聪明的马，这不是它第一次接受骑行，所以，没过多久它就明白了其中的门道。我重复了几次这个动作，然后下了马，松开缰绳，抚摸它的头和胸部作为奖励。它低下头，长叹一声，然后像条狗一样跟着我朝大门走去。我们今天都可以下班了。

超越意志之战

陷入一场意志的较量是没有意义的。我相信这适用于生活的方方面面，而不仅仅局限于圆形围栏里。当涉及马时，这一点尤其重要，因为它们比我们大得多！与体重是你的 10 倍的动物进行意志斗争，对你来说不太可能有好结果，对马也没有好处。过去我们用"野马大战骑士"来形容老式的驯马方法。不在公共场合展示这种驯马方法是有原因的。当众表演虽然很刺激，但不是很漂亮。有一个古老的牛仔术语是"剥皮式驯马师"，是指马经常被驯马师"剥了皮"，有时驯马师也被马"剥了皮"。就像大多数意志之战一样，一方或双方最终都会受伤。

坚持这一哲理是成功的关键。如果你不能让正确的事变容易，让错误的事变难，哪怕只有一次，你就是在让错误为你服务。如果一个孩子一发脾气，你就屈服，按他的意思去做，你就是在让错误为他服务。

如果一匹马尥蹶子，把你从它的背上摔下来，而你马上卸下它的鞍子，让它回到马群中，你就是在让错误为它服务。我喜欢提醒这匹马，尥蹶子是一项艰苦的工作，只要它选择尥蹶子，你就可以驱使它四处奔跑，让它一直往前走。只要它选择不反抗地自由前进，我就让它停下来休息。我曾经有一匹母马，每次在我骑上马鞍时，它都不停地挣扎。所以，我用两个50磅（1磅=0.4536千克）的盐袋装满了它的马鞍，然后把它放回畜栏里。如果它认为反抗就是最好的做法，那它可以自由地反抗，但这肯定不容易！

在这样的时刻，重要的是要知道，事情往往在好转之前会变得更糟。你会想"这样不行，它的脾气可能会越来越坏"。你想放弃。当这种情况发生在我身上时，我总是听到我的导师汀克·艾洛迪的声音在我的脑海里说："坚持住！"当我和他一起工作的时候，当一匹马跑出我设定的边界时，他总是一遍又一遍地告诉我这些。有时候他不得不对我大喊大叫，因为我会在"刹不住马"的情况下就飞起来似的越过马场。

"坚持住！"我能听到他在狂风和马蹄声中大喊大叫。一旦马做出反应（有时我甚至还没意识到），他就会说："好了。你感觉怎样？"在感觉不错之前，你要挺住。否则，你就会让错误为马服务。你对这个过程要有信心，只要马还在抗拒，就不要释放压力。

作为领导者，知道何时及如何施加压力是需要智慧的。记住，我们的最终目标是让马获得成功，并帮助它们安全渡过难关，所以我们要明智地选择战场。你也不希望开始一件你无法完成的事情吧。

如果你试图教一匹马一些东西，但在它还在抗拒的时候停下，你就会让事情变得更糟，因为你奖励了错误的东西。如果我有问题要处理，我首先会考虑：现在是发生冲突的合适时机吗？这是正确的地方吗？我是否在一个安全的地方，让马或我自己受伤的可能性更小？如果我在结冰的地面上，或者带有铁丝网的围栏里，那可能不是你加倍努力去解决棘手问题的最佳地点。

捉住一匹野马很容易。如果你有绳子的话，五分钟就能搞定。但你还是得把绳子解开。你需要赢得它的信任，这可能要花 5 个小时。所以，不要开始你还没准备好完成的事情。这个原则也适用于人类。如果你没有时间去了解事情如何落实，就不要先抛出批评，哪怕是建设性的反馈也不可以。如果你还没准备好听答案，就不要问深奥或具有挑战性的问题。

你不能强迫别人对你忠诚

利用自由选择的力量，可以将冲突转化为伙伴关系。当人或马觉得你尊重他们的自主权，并且相信他们会做出正确的选择时，即使你没有注意到，他们也会挺身而出，变得更加积极主动和负责。马很快就会知道，当它们选择做正确的事时，它们所寻求的解脱就会到来。在我研究马的过程中，我开始相信，真正的服从，甚至是更重要的忠诚，只有在清晰而一致的界限内，才能在自由中获得。

这个教训对于许多观察过我工作的领导者来说是强有力的。好的领导者知道他们不能由上往下控制一切。即使他们愿意也不可以，因为他们的组织太庞大且太复杂了，而且事情变化得太快了。微观管理拖慢了一切进程，使员工感到怨恨和没有得到尊重。如果我一直在农场女工的身后看着她们打扫谷仓或者给马上鞍，她们会觉得我不信任她们。但如果她们知道我相信她们的能力，相信她们的判断力，即使我转过身去，她们也会觉得自己有责任。

人们需要在实地做出决定的自由和更多的主动性。优秀的领导者鼓励自由，而不是限制自由。所以像"把正确的事变容易，把错误的事变难"这样的原则是很好的领导工具，能够帮助领导者赋予组织中各层人士使用自己的最佳判断力、承担风险和创新的能力。

马和人一样，知道你什么时候不信任它们，什么时候不尊重它们的选择。如果你像对待奴隶一样对待你的马，它可能会在大部分时间里做这份工作，因为它必须这样做，但它会憎恨这份工作。我见过很多这样的马。当我去畜栏抓马时，我希望它们来找我，不是因为它们必须来，而是因为它们知道这对它们来说是最好的交易。但如果你还没有和你的马建立起这种关系，通常会发生的情况是，你走进畜栏去抓它们，它们会把头转开。它们可能会让你抓住它们，因为它们知道自己别无选择，但它们不会承认你。你可以控制它们的身体，但不能控制它们的心。在这种关系中没有真正的忠诚，它们一有机会就会让你陷入困境。如果你们的关系依赖于武力而不是自由选择，那就不是真正的伙伴关系。

当你发现自己身处困境，需要依靠自己的马时，真正的问题就出现了。一个好的伴侣会与你同甘共苦。如果在农场里，你的马踩到一个洞，绊了一下，把你从马鞍上摔了下来，你就会突然依赖于那匹马是否选择和你在一起。如果它按你说的去做，只是因为你把它拴在绳子或缰绳上，那可能是你最后一次与它见面了。它会看到自己获得自由的机会，然后逃之夭夭。你会独自一人被困在那里，任由大自然摆布，因为你的马的心和你的心不在一起。它的安全保障是畜群和谷仓，所以它会去那里。最好的情况是，你可能要走很长的路回家，前提是你的腿没有骨折。但真正的伴侣型马是不会离开你的。它一开始可能会被吓到或逃跑，尤其是当它害怕的时候。但在理想情况下，你是它的安全保障，所以它会黏着你。

我在很年轻的时候做过一份驮运工作，这意味着我要带领一群人去山里，他们带着一群驮马，马儿背着他们的装备。然后，我跟着驮队回家，把他们留在营地里打猎一个星期左右，之后再把他们接回来。这就是所谓的"即用型驮队"。有一次，我的客户是三名兽医。当我准备离开他们和他们的三匹马时，我给了他们一个关键的建议："不要一下子给所有的马都松绳。"我知道，如果没有人牵着那些狡猾的古道老马的缰绳，它们就会觉得没有义务留下来。

我牵着驮马沿着山路出发了。刚到家，我就接到一个农场主的电话，他知道我在那个地区工作。他告诉我："在这条路的起点有三匹松了绳的马。它们会是你的吗？"那些马拖着缰绳，在陡峭的岩石地带跋涉了至少10英里（1英里＝1.6093千米）。我一离开那些家伙，他们就把三匹马都扔下了，因为这些马只有在被迫的情况下才会服从，所以它们立刻利用了这种自由，让这些人陷入困境。第二天，我不得不把那些马牵回营地。

给人或马太多的自由似乎是有风险的。但有一种潜在的回报是无价的，那就是忠诚。忠诚不仅仅是服从或义务，它意味着即使在艰难时期或面临危险的时候，你也可以自由地选择与领导或伙伴在一起。在西方，有句话是这样说的："为你的团队效力。"这意味着无论发生什么，你都会忠于你的农场。你会及时出现并完成你的任务。

当我想到忠诚，我的脑海里立刻浮现出老马斑叔。在我们一起工作的二十多年里，它知道我尊重它的选择、它的智慧和它的直觉。我用生命信任它，我相信它也同样信任我。它知道我们是搭档，所以我可以在数百名观众面前解开它的缰绳而不用担心。它不仅听话，举止得体，而且非常忠诚。这些年来，它已经成为我要好的朋友之一。

照片由赫克托·佩雷斯（Hector Perez）提供。

Chapter Six

第六章

慢慢索取,快快给予

永远不要打击那些不断进步的人,不管进步有多慢。

——柏拉图

像马一样思考

第六章 慢慢索取，快快给予

"我不是情感外露的人。"

我见到戴夫·马科维茨（Dave Makowicz）的时候，他可能就是这么形容自己的。这位身高1.9米、体重104千克的海军退伍军人转行做了财务主管，他肯定符合上述描述。然而，戴夫在参观农场的那天却发现自己的情绪激动起来。

"这是我这辈子见过的最重要的事情，"他一边说，一边吸着鼻子擦着眼泪，站在圆形围栏旁边，看着一匹满身汗水及灰尘，站在围栏中间，看起来很平静，但仍然喘着粗气的三岁小马驹。

戴夫是世邦魏理仕投资公司克拉里昂证券交易所（CBRE Clarion Securities）的首席运营官，该公司曾派高管到钻石十字农场进行为期一天的领导技能学习。几个小时前，他和他的同事们聚精会神地看着我把这匹未经训练的小马放进圆形围栏。小马抬起头，朝我竖起一只耳朵，瞪大眼睛盯着我的耳朵。虽然它并不害怕，但它也不相信我。

这不是一匹野马，也不是一匹受了创伤的马，而是一匹被宠坏了的、不守规矩的马。它似乎在试图弄清楚我想要什么，但不是出于取悦我的欲望，更多的是出于操纵我以达到它的目的的欲望。它的态度使我想起一个乖戾的少年。它并没有真正配合我的工作，而是尽可能地远离我，隔着围栏看着我。

和小马一起工作了大约1小时之后，我取得了进展。它一直跟着我，我觉得它已经准备好第一次骑行了。我先在马背上盖了条毯子，时而盖上，时而脱下，让它习惯自己的背上有东西的感觉。然后，我小心翼翼地把沉重的马鞍甩到马身上，让鞍子轻轻地落在马背上。小马的耳朵向后转了转，但它没有动。到目前为止，一切顺利。我拉了拉它肚子下面的绳子，把马鞍固定好。

我看了看对面的观众，可以看到他们脸上怀疑的神情。有些人看起来很无聊。他们不相信驯马会这么容易，一直期待着产生更多的火药味。这位CEO后来告诉我，在那一刻，他确信这是一个圈套，小马不是被骑过，就是被下了药。

毕竟，谁能在一个小时内驯服一匹马呢？然而，如果说有个伙计在装，那也不是我，而是那匹小马。我看得出它的合作只是表面功夫。我把绳子拉得更紧了一点，然后挥舞着我的旗子把它赶走了。一切都乱套了。一旦它开始移动，感觉到腹部被绳子缠住时，它就会猛地尥蹶子，还喷着鼻息。它的眼睛因愤怒而呆滞，就像一个发脾气的孩子。它"砰"的一声撞在了栅栏上，把克拉里昂证券交易所的人吓得缩在椅子上，恐惧的表情取代了怀疑。有几个人甚至跳了起来，走到后排。我猜他们一定在想："他真的要骑那匹马吗？"

我让这匹小马平息了它的脾气。我不需要惩罚它，我也不打算卷入它的闹剧，任由它发脾气。如果我这么做了，它会感染我的情绪，只会让事情变得更糟。我的工作是保持稳定，给它一些可以信任的东西。

"别担心，"我告诉观众，"畜栏很结实！它很快就会好起来的。我想让它知道，尥蹶子是一项艰苦的工作。所以，只要它继续尥蹶子，我就会不断地向它挥舞我的旗帜，把它赶走，这是一种压力。很快，它就会发现，在围栏里冷静地走动，或者和我一起站在这里，会容易得多。当它这么做的时候，我会放下旗帜和减轻压力，以示鼓励。"

果然，那匹小马很快就跳累了，转向我，从它张开的鼻孔里呼出沉重的气息。我立刻降下了旗。当他走近时，我抚摸着它汗津津的脖子，对它说："你真棒。这就对了。这样不是更好吗？"它朝正确的方向迈出了一步，我一定要让它知道这有多积极。这样，我就赢得了它更多的信任。

当小马靠近我的手且低下头表示顺从时，我告诉那些高管:"我不需要惩罚它的不良行为。它已经自作自受了。重要的是我要奖励它做出正确的选择。尊重最微小的努力和最细微的改变。"

我经常说的另一个箴言是:慢慢索取,快快给予。很多时候,我们恰恰相反。我们很快就会丢弃或斥责我们不喜欢的东西,我们等待太久才去奖励积极的转变。我们认为变化需要更大、更明显。我们期待奇迹的出现。我们错过了所有引起重要变化的小迹象,因为这些暗示不够引人注目,不足以引起我们的注意。

这就是我们失去信任的原因。如果一匹马或一个人正在努力,但感到自己的努力没有得到认可,他们通常会退缩或放弃。当我还是个孩子的时候,我拜师于一个足球教练,他很快就变得不耐烦了,因为我不懂足球。他没有意识到我已经尽了最大的努力,而且我害怕在其他孩子面前失败。我不擅长接受口头指导。我现在明白了,我更多的是一个视觉学习者。那时候,我觉得自己很蠢。我仍然能感觉到那一切就像发生在昨天一样——被踩踏的青草和汗流浃背的孩子们,越来越强烈的恐慌感让我窒息,直到我开始呼吸急促,这加剧了我的创伤。教练的沮丧给我的自信心留下了一个印记,多年来一直阻碍着我前进,这成了一种模式,即当我感到压力时,我就会呼吸急促。我是一个敏感的孩子,我很想学习,但需要不一样的方法。

第六章 慢慢索取，快快给予

当我们意识到改变时，即使是很小的改变，我们也会安心地迈出下一步、再下一步。一句鼓励的话，一句赞美，一句感谢——这些都是在传达："我看到你在努力，我尊重你。"当人或马感到被关注和被尊敬时，他们会敞开心扉，更加努力。

马儿非常敏感。它们需要为我们的每一个要求做好准备，而不是被突然的要求吓一跳。你可能看过那些古老的西部电影，牛仔们从酒馆里出来，跑到他们的马面前，跳上马鞍，猛地拉住缰绳，踢马的肋骨，然后策马奔腾，飞奔着去追那些不法之徒，身后只留下飞扬的尘土。

这与良好的骑术背道而驰。那样对待马是对它的冒犯。相反，我们应该慢慢地接近马，轻轻地骑上去，让马知道是时候考虑移动脚步了。要记住，慢慢索取，快快给予。

在一段信任的关系中，我们不会把事情强加给对方。也许我们需要进行一次艰难的对话，但我们会先花点时间想一想："现在合适吗？也许晚一点会更好？"如果我们需要做某事或需要做出改变，我们会事先通知对方。

当有人辜负了我们的信任，我们会难以忘怀。我们往往不会忘记那些事情，即使我们想忘记，即使我们知道自己应该忘记，我们也会记忆犹新。慢慢索取、快快给予，能保护我们已经建立的信任，而且随着时间的推移，信任度会越来越高。

尊重最微小的努力和最细微的改变

当我走向垫脚台时，小马会跟着我。我走上前去，俯身靠在马鞍上，好让它感觉到我在上面，同时我一直用安抚、安慰的声音和它说话。我以为我已经赢得了它足够的信任，它允许我骑到它的背上。当然，对于野生动物或未经测试的动物，你永远无法确定这样做是否安全。但总有那么一刻，你只能继续前进，期待最好的结果。面对恐惧，放开控制，相信事情会解决。

我把一只脚放在马镫上，向上推，站在马鞍的一边保持平衡。我还没有把腿摆过去，小马已经把我的全部重量都扛起来了。我身体前倾，确保它能用两只眼睛看到我，这样，当我的腿出现时，它就不会感到惊讶。它站着不动，耳朵转向我。我再次表扬了它，蹲下来抚摸它，然后再重复这个练习。这一次，我小心翼翼地把腿转过去，轻轻地靠在它的背上。克拉里昂证券交易所的那群人屏住了呼吸，等待牛仔竞技表演开始。

我感到身下的小马身体紧绷。它会反抗吗？我不这么认为。如果一匹马要尥蹶子，你会感觉到它背部的所有肌肉都绷紧了。它的尾巴紧紧地缩在一起，耳朵向前竖起，就在它的头埋在两膝之间的时候,你只能仰面朝天,喘着粗气,想知道发生了什么。这匹小马很紧张,但它开始信任别人了。它对自己背上的重量感到很陌生,但我的声音和我的手放在它脖子上的感觉让它安心不少。它虚弱地迈了一步,接着又迈了一步,然后它向前一冲。高管们倒抽了一口冷气。

我没有抓住缰绳,也没有紧张起来。那会向马发出恐惧的信号,破坏我们正在建立的融洽关系。我必须信任它,它才能继续信任我。这可能非常困难,特别是如果你之前被弹开或遭遇过创伤的话,而大多数骑手都有过这种经历。为了保持放松,你必须战胜自己的恐惧,你必须相信自己。你受的伤越重,就越难回到野马上。

生活中的很多方面都是如此。为了得到信任,你必须先给予信任。如果我们不信任马或人,又怎能指望他们信任我们呢?当你不相信它时,当你紧抓不放,担心它会尥蹶子或逃跑时,马能感觉得到。迂腐的牛仔可能会抓住皮革,咬紧牙关,但我会努力保持冷静和放松,伸手去抚摸小马的脖子。我没有在马嘴里塞嚼子,只用一根绳索来引导它。我的工作是让它知道自己是安全的。

"放松,孩子。你没事了,你会没事的。你能挺过去的!"老实说,我自言自语的次数和对着小马说话的次数一样多。但它明白了,我也明白了。它背着我在围栏里走来走去,我感到它的肩膀和脖子都放松了下来。

"这边请,好孩子。你走路的样子真是棒极了。"我又表扬了它一番,然后下了马,卸下了马鞍。它今天已经做得够多了。

如果你尊重小事,大事就会自然而然地发生。但是,识别最微小的努力并不总是容易的。如果你有感觉,那么你应该与马保持一致,以至于当它想做正确的事时,你能感觉得到。

这是释放压力和尊重马儿的时刻。很多时候,我们的本能反应恰恰相反:加倍施加压力,要求太多。一次努力可能几乎是不可察觉的。如果你第一次和一匹野马合作,它可能会因为害怕而不敢看你。它会转过头去,在围栏里跑来跑去。对它来说,回头看你是一种值得尊敬的努力。看一眼就足够了。你得让马知道你看到它在努力,以便建立你对它的信任。你得释放压力让它知道你看到它的努力了。通常情况下,这意味着今天的任务到此为止。

对待马就像对待人一样,永远不要错过一个"见好就收"的机会。尽可能多地完成工作很重要,但是,少做总比做得过多要好。像医生一样,优秀的骑士会把这个原则牢记在心:首先,不要造成伤害。

通常,驯马师会犯一个错误,那就是驯马过度,最终在一场冲突或戏剧性场面中结束一天的训练。这会造成双方的怨恨，并导致马拒绝进一步训练。

慢慢索取，快快给予。尊重最微小的努力和最细微的改变。许多参加过我骑马演示活动的高管，尤其是 CEO、经理和团队领袖，都对这些话记忆犹新。他们经常告诉我，当他们看着我骑马的时候，他们自己的领导风格从脑海中闪现。

"我意识到我对我的团队太没耐心了，我有时会忽略他们已经尽了最大努力的事实。"

"我认为我过于强调负面因素了。我太急于批评，我没有足够快地奖励积极的改变。我不尊重最微小的努力。"

"我希望员工相信我，但我现在发现我不信任他们。我的微观管理太多了，所以员工们得到的信息是，我认为他们自己没有能力做这些事。"

然而，当戴夫·马科维茨观看我的演示时，他并没有考虑他的员工或他作为领导者的角色。我想他可能会把我分享的原则与改善他和他的团队、供应商或客户的关系联系起来。但相反，他无法停止想着他的儿子内特，还有作为父亲的他自己。内特患有自闭症，当他感到恐惧或沮丧时，就容易发脾气。而戴夫有一种过度控制欲的倾向，并会因此而激动起来。

当他观察到这匹桀骜不驯的小马的转变时，他想知道，如果他和儿子的关系建立在这些原则之上会是什么样子。

信任第一。我们还要赞美美好的事物。当事情变糟的时候，我们应避免自己被牵扯进来，要保持冷静、自信和一致。

我一直等到人群散去才靠近戴夫，这时我感觉到，他情绪的强烈程度使他自己都感到惊讶和尴尬。起初，他很难用语言表达自己的想法。"我有时对儿子的控制欲很强。也许我应该松开缰绳，稍微后退一点。让他成为他想成为的人。当他成功的时候，我会在那里爱他。"他的眼中闪烁着光芒，好像他已经瞥见了和内特不同的关系。"我看到了一个更好的办法。"

那匹马仍然站在围栏中间，看上去就像一个完成了第一天艰难工作的员工。它似乎松了一口气，也许还有些惊讶自己居然活了下来。事实上，它做得比这更好。它克服了恐惧，获得了一种信心，相信一切都会好起来。我走到它跟前，抚摸它，取下绳套。当我转身向大门走去时，它看了我一会儿，随即也跟了上来。

如果马不信任我，我就帮不了它们

花时间建立信任是我和马做的所有事情的基础。通常，当它们来找我的时候，表示它们需要帮助。也许它们被忽视了，甚至被虐待了。它们可能需要医生。它们的蹄子长得太大，使它们走路很痛苦，需要修剪。想象一下，你的脚指甲多年不受约束地生长，蜷曲起来，覆盖着你的整只脚。这就是马蹄的样子。

除非马在粗糙的地面上奔跑，否则它们的蹄子就需要修剪，以防止肌腱和韧带受到压力。但是，给马修剪蹄子需要很大的信任。它必须愿意用三条腿站立，放弃跑步或踢腿的能力。它必须毫无戒备之心。一匹不信任别人的马是不会自愿这么做的，如果你强迫它，你只会给它带来更多的创伤。我需要马信任我，这样我才能帮助它们。

如果我们没有建立信任的耐心，世界上所有的好意都不会跟着我们太久。有时，善意的领导者想要帮助为他们工作的人，以赋予他人权力的方式领导他人。但是，要想成为一个真正的"公仆型领袖"，你还需要一些基础。你必须从这样一个前提出发：不能指望别人仅仅因为你希望他们信任你就信任你。我们必须赢得信任，无论是来自马还是人类。

我曾经有一个最好的、最值得信赖的农场帮手，名叫尼尔。那是在我打马球的时候，当时我住在加利福尼亚州。我第一次见到尼尔时，他无家可归，住在沙漠里。我经常看到他在路上捡铝罐，然后把它们装进麻袋里，这样他就可以在回收厂赚点钱了。他看起来生活很艰难，头发蓬乱，驼着背，胡子又长又乱，衣服也破烂不堪。他被太阳晒得焦黑的前额上冒出了汗珠。他的脚趾从旧鞋子里伸了出来。我为他感到难过。有一天我把卡车停在路边,摇下了车窗。"看起来你的负担很重。你想搭车去回收厂吗?"

起初,他一动不动地站着,盯着地面,不愿与我有眼神接触。"我就去那儿,"我说,"很高兴载你一程。"

他又站了一会儿,然后点了点头。

"你叫什么名字?"我问道。

他什么都没说。他把装罐子的袋子放在小卡车的拖斗里,然后爬到了车后面。他会说话吗?我很好奇。但我没有追问。他骑坐在车里,把包抱在胸前,好像有人要偷他的包似的。

我会定期载他一程,可他一路上都不说话。我又问他:"你叫什么名字?"他头也不抬地答道:"尼尔。"我还知道他来自阿肯色州,但他只能说这么多了。

有一天,我给他带了一双新鞋和几双袜子,来到他的临时营地附近却找不到他,那里散发着陈年啤酒和垃圾的气味。然后,他的一个轻微的动作吸引了我的注意,我意识到他藏在了一棵树的后面。我不知道他为什么这么不信任我,但我想给他一点空间,所以我假装没看见他,把鞋子放在他的帐篷旁边。

几天后,我又去接了尼尔。他穿着新鞋。沙漠已经把白袜子变成了棕色。我问他:"你愿意到我们这儿来工作一天吗？我付你 20 美元，让你拔草。"

"好吧。"他嘀咕着，爬进了小卡车的后面。

尼尔在酷热中工作了一整天。他取得的成就比我预期的多得多。那天晚上，我开车送他回他的营地，递给他一张 20 美元的钞票。

"你今天做得很好，尼尔。你明天还想工作吗？我有马圈需要清理。"

他点了点头。

"我大概早上 7 点过来。"尼尔没有戴表，我说："我到了会按喇叭。"

尼尔开始定期为我和洛克工作。因为我们的女儿塔拉只有三岁，洛克坚持要我们小心点儿，她说："直到我们认为他值得信任为止。"

事实证明，尼尔是一个非常可靠的马夫，他定期喂马，打扫马厩和整理马具。很快他就知道了所有马的名字。有时我发现他会一边抚摸着马一边说话。没过多久，他就来为我们做全职工作了，我们给了他一个安全之所，让他在农场扎营。我们唯一要定的规矩是：不许在这里喝酒。

"我希望你能理解，"我对他说，"如果你想出去买醉，一定要等清醒之后再回来，好吗？"

每隔几个星期，尼尔就会领取工资，然后消失几天，但随着时间的推移，他消失的次数越来越少。回来后，他会直接出去和马待上几个小时。

我一直觉得他在自己解决自己的问题,我能做得最好的事就是继续信任他,就像他学会信任我一样。慢慢索取,快快给予。我还注意到马是多么喜欢他,每当他走进畜栏,它们就围在他身边。马很会判断人的性格。小孩子也是,塔拉一看到尼尔就喜出望外。尽管他的工资微薄,他也会经常给她买礼物,比如毛绒玩具。

几个月过去了,尼尔开始与我们进行简短的交谈,但他从不谈论自己的过去。我们也没有去打听。不久,我们买了一辆露营拖车来代替他的帐篷。尼尔开始在星期天和我们一起去教堂。他在陌生人面前很害羞。他不说话,也不与人进行眼神交流。我们教会里的人总是热情地欢迎他,尽量使他感到自己受欢迎。

一月份的一个星期天,在尼尔来为我们工作将近一年半之后,教堂的一个人给了他一袋衣服。接下来的一周,尼尔穿着棕色的礼服外套和长裤出现在教堂。他自己剪了头发,刮了胡子。我和洛克尽量不盯着他看,但他外表的变化让我们大吃一惊。尼尔看起来不再像个街头混混了。只是塔拉没发现他有什么不同。她一直都认识真正的尼尔。

尼尔原来是个一流的驯马高手。更重要的是,他成了我们家庭中的一员。随着时间的推移,我们变得非常信任他,以至于当我们夏天去堪萨斯城工作时,我们会把我们

第六章 慢慢索取，快快给予

的农场和几匹马都交给他照管，包括小马汉妮，它是一匹珍贵的纯种母马，可惜它的腓骨断裂。兽医帮不了它，所以他建议把它安乐死。但尼尔不想放弃它，我们也不想，所以我们把它关在一个小隔间里，希望完全休息和持续地护理能让它的腿有机会愈合。当我们回到家时，尼尔正站在门口微笑着说道："小马汉妮已经准备好回去工作了。"在他的照料下，它已完全康复了。也许它也帮他疗伤了。

我们从堪萨斯城回来大约一个月后，尼尔来找我和洛克说："我已经 25 年没有见过我的家人了。是时候该回去了。"

这是一个悲伤的消息。我们失去了一个朋友，他也是我们拥有过的最好的马夫，但我们很高兴他能回家与家人团聚。他已经将近两年没有喝酒了。他的家人是在迎接一个新人。

塔拉和洛克含泪拥抱了尼尔，并告诉他，她们很爱他。

我开车送他到汽车站，时间很早，我和他一起坐着等车。在候车厅，尼尔转向我，终于对我坦白了他的过去。这么多年来，我一直能感觉到他想告诉我关于他自己的事，但我从来没有追问过。我想这就是他学会信任的原因。他告诉我，他是如何成为一个酒鬼的，他是如何为自己感到羞愧，以至于他一路坐火车来到了加利福尼亚州，以及他是如何无家可归地生活了那么多年。

最后，他等的巴士停了下来，我拥抱了他。我的声音很悲恸："我们爱你，尼尔。我们一定会想念你的。"

尼尔直视着我的眼睛。"我也爱你们，"他说，"好好照顾我的塔拉小公主。"他穿着他最好的衣服走了，头发梳得整整齐齐，身姿挺直。在登上开往阿肯色州的巴士之前，他转过身来，挥了挥手。然后他就上了车。我们再也没有听到他的消息，我不知道他的故事是如何结束的，但我从未忘记他，也没忘记他教给我的东西。他是第一批将我从马身上学到的哲学应用到自己身上的人之一。我帮助他重新学会了信任和爱，也助长了我自己的毕生事业。

当然，给予信任并不能保证信任会得到回报，也不是每个人都值得信任。所以我并不是说我们应该自由地信任每一个与我们擦肩而过的人。我不得不"吃一堑，长一智"。尼尔离开几个月后，受到他转变的鼓励，我雇用了另一个看起来运气不佳的人，一个名叫"卡尔"的流浪汉，我和他是在杂货店外邂逅的。结果，他偷了我们一堆马鞍。我心里想："不是每个人都值得帮助。"但有时候，接受帮助的人会给你惊喜，就像尼尔一样。

我从尼尔以及与我共事过的许多马身上学到的是，信任不仅仅是一种感觉，也是一个行动，是一个随着时间发生的过程。我喜欢用一个首字母缩略词（TRUST）来提醒自己建立信任的过程，特别是从可怕的角度出发，对待一匹野马或受了创伤的马。请看我的解析：

T（Terrified）代表恐惧。这就是我们的起点。你不能强迫一个充满恐惧的动物或人信任你。你得让他们自己解决问题。要有耐心，给他们空间和自由去面对他们的恐惧。

R（Resistant）代表抵抗。因为这匹马很害怕，它拒绝你的帮助。即使你是为了它好，它也不愿意合作。因为你还没向它证明你是站在它这边的，所以它把你当成了潜在的掠食者。不要惩罚它的抵抗，你只要强化边界感即可。

U（Understanding）代表理解。马需要知道你是一个好驯马师，你是公平的，你不会伤害它。它很聪明，所以如果你的信息是一致的，它会发现的。如果你奖励它最细微的改变和最微小的尝试，它就会知道你在寻找什么，并开始与你合作。

S（Submissive）代表顺从，这不是一个肮脏的词。这只是意味着必须有人成为领导者，而其他人必须服从这种领导力。在与马的关系中，你必须"领舞"。顺从意味着马决定和你"跳舞"。你可以从它的肢体语言中看到顺从的迹象。它会把头和脖子垂到地上，有时还会舔嘴唇。这是一个突破性的时刻。

T（Trust）代表信任，这是你刚刚经历的过程的结果。

信任关系是可以持续到永远的关系。你可以帮助马，教它如何成为一个值得信赖的伙伴，这是它拥有幸福、安全生活的关键，这是一种与它来找你之前的经历截然相反的生活。

信任是需要时间的

当一匹马或一个人受到创伤或虐待时，他们失去信任是完全可以理解的。他们不仅不信任伤害他们的人或环境，他们甚至不相信任何人，就是这样。我在患有创伤后应激障碍（PTSD）的老兵身上见过这种情况。有时候，他们已经失去了"人间值得"的信念。

有一次，我受命为大约 8 个参加伊拉克战争的老兵做一场驯马演示。他们站在那里好奇地看着我把一匹野马放进围栏。我开始了我的演示，但感觉不对劲。这些站在栅栏边的人是我心中的英雄，他们愿意全力以赴。他们不怕野马，他们面对过死亡。我是谁？我凭什么站在栅栏的另一边跟他们说话？

我一下子就想到了答案："我需要把这些英雄们都请进来。"

所以我打开大门,让他们都走进围栏。每个人进来时,我都和他握手并自我介绍。最后一个进来的是个大块头。他和我握手,但不敢直视我的眼睛。他轻声说,他叫理查德。我指示他们在围栏周围留出空间。"站着别动,"我告诉他们,"不要突然走动。"

这是一匹小母马,眼神狂野,它惊慌失措,试图在他们之间闪避。我确信它非常害怕,但只要我们给它一条逃跑路线,并且不让它感到幽闭恐惧,它就不会试图去踢他们中的任何一个人。我挥动旗帜,尝试驾驭它。我是它产生压力的来源,是个"坏警察",所以它开始寻找某件事或某个人来获得安全感。慢慢地,它开始觉得舒服起来,认为那些一动不动地站在围栏里的男人不会伤害它。首先,它会在他们面前停下来,仔细地看一看。它开始积蓄足够的信任,探出身子去挨个闻一闻。"别想碰它,"我告诉他们,"让它先摸摸你。太快伸出手会吓到它。"很快,它开始伸出脖子,先闻一闻,然后摸一摸。小母马对这些受过伤的人表示信任,这是多么强大的体验!我能看到他们放下防备,变得软弱。在一个小时的时间里,我让小母马分别和他们每一个人亲密接触——理查德除外。

小母马拒绝靠近他。每次我想把它送过去,它就会猛烈地哼一声,然后转身去另一个地方。他什么也没做,只是站在那里,但小母马对他的恐惧程度与其他人不同。最后，理查德生气了，跺着脚走出了围栏，咕哝着。

我放开了马，却对局势困惑不已。我不想把理查德丢在那里，就像我不想放弃一匹好马一样。我让另一个老兵给我讲讲理查德的故事。当我听完他的故事，我知道我必须设法让他回到马场。理查德之前曾试图自杀，但失败了。他朝自己的头部开了一枪，却侥幸活了下来。所以他对这个世界很生气，因为他甚至不能妥善地结束自己的生命。现在我明白了他的反应。他已经觉得自己是个失败者，而马拒绝信任他只是另一个拒绝的迹象，证明他毫无价值。

我在停车场找到了理查德，说服他回到围栏里。我请求他相信我——尽管这对他来说显然很难，但他还是同意了。

我站在围栏里，和理查德还有那匹充满野性的小母马在一起。生活对他们俩来说都很艰难，但我希望他们能互相帮助，找到更好的前进道路。我开始骑着小母马到处转，但它会尽量离理查德远一点。

"如果它看你一眼，"我对他说，"我希望你走开。要迅速给予，要释放压力。"几分钟后，小母马愿意把头转向他的方向。"干得漂亮！"我鼓励他说，"再后退一步。"很快，小母马试探性地跟着他，理查德慢慢后退并穿过了围栏。

"现在我希望你蹲下身子。让它知道你相信它不会伤害你。"他看着我，好像我疯了一样。他不理解为什么自己要在一匹不信任他的野马面前蹲下，但他照我说的做了，他蹲了下来，他那肌肉发达的身体变小了，也不那么吓人了。小母马走近了，它的好奇心开始超过了它的警惕心。它伸出鼻子嗅了嗅他，对着他的脸呼吸。

"你也对着它呼吸，"我告诉他，"这是马儿自我介绍的方式。如果它愿意分享你的空气，那就意味着它愿意信任你。"

我看到那个"大个子"的举止有了变化，他轻轻地抬起手去抚摸"小姑娘"的脖子。他轻轻地、慢慢地、没有突然的动作，与它建立了联系。看着它站在那里，鼻子贴在他的大黑胡子上，我不得不擦去眼里的泪水。小母马和大个子似乎都松了一口气。他俩都在学习信任。他们可能需要很长时间才能决定这个世界是否安全，但当他们呼吸彼此的空气时，他们至少尝到了这种可能性。

照片由安德鲁·J. 巴尔登提供。

Chapter Seven

第七章

这与今天无关，这关乎马的余生

任何有价值的东西都不会随时间而消失。

—— 亚伯拉罕·林肯（Abraham Lincoln），首次就职演说

像马一样思考

第七章 这与今天无关,这关乎马的余生

那是一个寒冷的秋日,一场暴风雪在山谷中呼啸而过。两匹马挤在一起,背对着风,低着头。在赛季开始和结束的时候,总会有几个星期天气有点不稳定,那天就是其中的一天。当天有一群顶级投资顾问前来拜访,而冬天已经提前露面。这些来访者不仅是来观看骑马的,他们的项目还包括一些实践练习,比如抓马。于是,我们在谷仓后面的草地上,和一群冷漠、乖戾、衣着不太得体的金融家在一起(他们看起来宁愿待在别的地方),还有一群同样冷漠、乖戾的马。

然而,有一个人似乎很乐意在外面待一整天。他神采奕奕、活泼开朗,仿佛那是一个夏日的午后。他介绍自己叫史蒂夫·斯托里(Steve Story),然后连声问我马的事,问我在做什么,问我的训练方法是如何奏效的。他的学习热情在递增,他似乎忘记了纷飞的雪和寒冷的风。

当练习完成后,我和客人一样,准备回到温暖的谷仓进行演示。但我知道这将是一个不小的挑战。我那天骑的马真的很难驯服。它是我从一个朋友那里借来的,这位朋

友的马是从一个养马的人那里廉价买来的。这匹两岁大的小马驹生来就是为了对抗运动培养的,但它在这项运动上并没有表现出足够的天赋。早期测试的方法是将马放入斜槽,装上马鞍,两侧要有防护,有时人们会在马背上放一个轻型假人,然后将马放入圆形围栏。如果它们不善尥蹶子,就会被卖掉。这就是这匹马的遭遇。它在生命伊始就遭遇了磨难。如果我们回归基本要素,也许我能帮它找到一条更好的路。

坚实的基础可以持续一生

马的生命的最初几年是你为它打好基础的时候。训练马就像盖房子。你每天都往那块地基里塞砖头。有时是填补空白的小砖块,有时是大基石。如果房子要屹立多年,你就不能在地基上留下任何漏洞。这就是为什么每天坚持训练一匹小马是很重要的。对马来说,这些基石是信任、管教、尊重、界限和职业道德。一旦你把地基牢固地打好,房子很快就会盖起来;但如果你留下漏洞,以后就会显露出来,整个房子可能会倒塌。

一位伟大的骑手曾告诉我,当马面临压力时,它总是会回到根基上。你会看到它是什么样的马。有时你在得到一匹

第七章 这与今天无关，这关乎马的余生

马后，可以看出有人在那里留下了一些漏洞。也许马有点害羞，或者不想让别人摸它的耳朵，或者它在你收紧缰绳时很容易踢你。所有这些都是它在早期训练时就应该解决的基础问题。留着等到日后再修复，那就难多了。事实上，当我研究那些年龄较大、起步较差的马匹时，我不会试图解决它们的具体问题。我只是回到最开始的地方，就像它们从未被触摸过一样对待它们。我会试着让它们走上一条全新的道路，一条建立在自由而非约束、信任而非恐惧之上的道路。

建立或重建基础，需要大量的时间和耐心。但我总是提醒自己：这与今天无关，这关乎马的余生。当我在圆形围栏里和一匹马一起工作时，我并不是为了那天来参观的特定观众，而是为了那匹马。我在想以后的事，想为它的未来打好基础。我经常告诉观众：虽然我很想在演示中给你们留下深刻的印象，但更重要的是我要给马留下深刻的印象。从长远来看，它需要学习的课程将确保它在生活中成为人类的好伙伴。

就像汀克·艾洛迪常说的："不仅仅要完成工作。"你很容易把注意力集中在当天的工作上。你很匆忙，也有进取心。但如果你吓到那匹马或把它逼得太紧，你就会让以后的工作进行得更困难。你必须把马看得比工作重要。这听起来很简单，但很容易让骄傲或不耐烦成为你的障碍。为了完成今天的工作，你可能会伤害一匹马的余生。

当我和马在圆形围栏里工作时，我做的很多事情都是

为了让马做好准备来适应现实世界。这就是我们投入到大量工作中的原因。如果我们做得好,它将使我们在各种情况下都安全。赢得马的信任,让它自由地跟着我绕着围栏转,不仅仅是一个感觉良好的时刻,还是在建立一种联系,如此,如果我在某个偏僻之地放开缰绳,马就不会丢下我不管;教它容忍腿上缠着绳子,让它按命令抬起蹄子,这不是什么把戏,这是必要的步骤,这样我才能修剪它的马蹄,让它身体健康,免受疼痛;训练它在篷布拍打的情况下冷静地站着,这与篷布无关——这与当我外出赶牛遇到暴风雨来临时,我需要穿上的光滑的雨衣有关。我在骑马演示时经常背诵我最爱的一首牛仔诗,它告诫我们,如果没把这块特殊的"基石"放到位,后果将会很严重:

> 当你把一匹野马弄出来的时候,
> 你最好把它弄得滑溜溜的,
> 否则你以后也得这样做,
> 这可不是闹着玩的。⊖

⊖ 牛仔诗歌的传统可以追溯到 19 世纪中期,当时农场工人开始写作、朗诵、出版和表演关于他们生活方式的诗歌。许多牛仔诗是通过口头传诵流传下来的,因此,流行作品有许多变体。这首诗是我从和我一起工作的牛仔那里学来的,我在这里引用它。这首诗的原始版本来自布鲁斯·基斯卡顿(Bruce Kiskaddon)的《把它弄得滑溜溜的》(*Git Him Slicker Broke*),摘自《山的韵律和其他诗歌》(*Rbymes of the Rarges and Other Poems*)一书(作者于 1947 年出版)。

第七章 这与今天无关，这关乎马的余生

这首诗接着描绘了一幅生动的画面，当暴风雨来临时，一匹毫无准备的马试图穿上滑溜溜的马鞍是什么样子。你可以想象它的结局。在那个寒冷的秋日，农场的投资策划人也不例外。也许他们刚刚在雪地里待了一个小时，对他们来说，穿上一件滑溜溜的雨衣显得尤为必要。谢天谢地，骑马演示是在谷仓里进行的，所以我们不再任由自然因素摆布。

我和那匹小马"谈"得很愉快。除了我把它赶进斜槽，激怒它尥蹶子之外，我几乎没怎么"修理"它。我花了一些时间赢得它的信任，让它接受了一个笼头，然后在它的背上盖了一条厚厚的毯子。我一整天都是这样，总是见好就收、尽欢而散。我知道这需要更多的时间和耐心来为这匹马打下新的基础。一天之内逼它太紧是没有意义的。希望它的主人能继续加油，或者它能找到一个照顾它的家。我抚摸着马的脖子，告诉它干得不错，然后把它放出了围栏。

金融家们纷纷前往酒吧和自助餐厅，史蒂夫·斯托里是个例外。他在大门口等着我，看到这一幕，他的眼睛亮了起来。

"那匹马要卖吗？"他问我。

我很惊讶他会问我，并告诉他可能会卖。"但我不确定你是否想买那匹马。"他给我的印象是，当谈到马时，他的

热情远远超过经验,而这匹年轻的马不适合初学者。"你为什么不向我稍稍透露一下,你在找什么呢?"

我们坐下来后,史蒂夫告诉我为什么这一天对他影响如此之大。

"我的心上人洛莉经历了一段艰难的时期,"他说,"在我见到她之前不久,她刚从一段非常糟糕的婚姻中走出来,现在她和她的父亲闹翻了。她喜欢马。我认为,拥有一匹马并与它一起工作,可能会帮助她痊愈。"他解释说,洛莉生来就是11个兄弟姐妹中的一个。她的父亲是一个奶农,经常养马。

作为家里唯一对骑马感兴趣的女孩,洛莉一有机会就和父亲交流。她最爱做的一件事就是在父亲把牛群从一个山坡赶到另一个山坡的时候和他一起骑马。

史蒂夫遗憾地说:"现在人与马的联系已经被打破了。"洛莉的父亲出于宗教原因不同意她离婚,洛莉离婚后,她的父亲甚至没有告诉她一声,就把原本属于她的马卖了。她伤心欲绝。"我只是在想,也许洛莉和马重新建立这种联系会对她有好处!"史蒂夫总结道。

史蒂夫对洛莉的爱和关心打动了我。我坚信她最不需要的就是一匹失败的野马。那匹马有自己的治愈和重建工作要做。另一匹马的形象突然出现在我的脑海里,使我大吃一惊。我并没有打算很快卖掉它,但出于某种原因,我

第七章 这与今天无关，这关乎马的余生

有一种强烈的预感，它可能就是适合洛莉的马。朱巴尔是我们在农场里养的一匹栗色骟马。它的母亲珠儿和我们一起生活了很多年。朱巴尔性情温和，这是一匹马所具备的最佳基础。从它出生的那天起，我们就和它打交道，建立信任，设定明确的界限，帮助它做出正确的选择，获得自信。它从未有过糟糕的经历，也从未受到过不友善的对待。如果有一匹马可以治愈洛莉，朱巴尔很可能就是那匹马。

"我可能会推荐另一匹马，为你和洛莉工作，"我告诉史蒂夫，"如果你是认真的，不如过几天给我打电话，我们可以进一步谈谈。"

我都不确定他还会不会再联系我。一旦他离开农场，一天的兴奋消失了，也许他会想出另一个更好的主意。但令我惊讶的是，几周后，史蒂夫打来了电话。我跟他说了朱巴尔的事，给他发了张照片，我们商量好了价钱。史蒂夫会带洛莉来见那匹马，如果进展顺利，我会帮她训练朱巴尔，还会教她如何和那匹小马相处。

史蒂夫没有把他的计划告诉洛莉。他想给她一个惊喜。相反，他漫不经心地邀请她一起去怀俄明州出差。

"你认为我们会在那里看到一些马吗？"她问他。

"我想可以。"他回答。

这时，我和简已经搬到南方，在帕维利恩的家里过冬。史蒂夫和洛莉从犹他州开车过来。我对史蒂夫的"甜心妹"

（他总是这样称呼她）的第一印象是一个非常害羞的女人，黑色的头发梳在脑后，扎成一个马尾辫。她让我想起了一匹受惊的马，它在生命伊始就遭遇了困难。洛莉与她健谈、自信、精力充沛的伴侣完全相反。她仍然不知道他俩为什么来，但她像磁铁一样被马吸引住了。

"我能进去吗？"她轻轻地问。我打开畜栏的大门，看到我们的马群正站在那里。她走了进去，睁大眼睛看着四周的二十几匹马，它们似乎对这个陌生人不感兴趣。然后一匹公马抬起头，走出马群，直接来到洛莉面前。它伸出头去嗅她。我转向史蒂夫，惊讶不已。

"就是这匹马，"我告诉他，"这是朱巴尔。"

"嘿，亲爱的，你觉得它怎么样？"史蒂夫问洛莉。她转过身来看着我们，脸上洋溢着纯粹的喜悦。

"它是一匹好看的马。"她回答，伸手挠了挠朱巴尔的脖子。

"好吧，如果你喜欢它，它就是你的了。"

洛莉和朱巴尔从一开始就很亲密。后来，她和我分享了它对她的意义。"对我来说，它代表着希望。一些值得期待的东西，一些属于我自己的东西。我不需要依靠男人。我小的时候，我的爸爸负责照看马。我从来没学过如何像你一样训练马。有人教我如何训练朱巴尔，让它做我需要它做的事，而不是强迫它去做，这是一件很有力量的事。"

第七章 这与今天无关，这关乎马的余生

离婚给她留下的情感创伤仍然很深刻。她说："我的前夫让我崩溃了24年之后，我的心碎了。我忍受了很多事情，当我决定离开时，情况变得更糟。离开他是我做过的最艰难的事情。"她的前夫在他们的教堂里是一个很有权势的人物，他让以前的朋友们反对她，甚至雇了一个私家侦探跟踪她。"我离开时基本上什么都没带，只是为了远离他，"她回忆说，"感觉一切都重新开始了。"更糟糕的是，她从来没有上过大学，没有建立自己的事业，也没有养活自己和两个孩子的能力。在高中时，她是一名有天赋的田径运动员，并获得了大学奖学金，但是，高三时的一场摩托车事故使她的计划泡汤了。她放弃了上大学的希望，因为她知道，她的家庭付不起学费。婚姻和孩子很快随之而来。

洛莉遇到史蒂夫时，她刚刚离婚不久。她在他工作的同一栋楼的物理治疗诊所工作。8个月来，史蒂夫每天都看着这位扎着马尾辫的安静女人从他的窗前走过，想知道她脸上悲伤神情的背后有什么故事。私下里，他认为她就是"马尾辫女神"。最后，办公室停电给了他一个借口去和她说话，第二天，他邀请她出去吃饭。

以前来农场的时候，史蒂夫就告诉了我一些类似的故事。他专注地从栅栏旁看着我和洛莉、朱巴尔一起学习一些基础课程，这些课程为马和骑手建立了联系。朱巴尔是

一匹性情温和的马,但它很年轻,没有经验,所以我们仍然在学习基础知识。比如,尊重先于友谊;让正确的事变容易,让错误的事变难;尊重最微小的努力和最细微的改变;慢慢索取,快快给予。

尽管洛莉很害羞,但和朱巴尔一起工作时,她似乎从不害怕。"我在马上感觉就像在自己家一样舒服,"她告诉我,"即使骑一匹未经训练的马,我也感到安全。我骑马从来没有紧张过。和动物在一起是一件能让人感到平静的事情。"我看得出这让她多么高兴,也让史蒂夫多么高兴,他那天在雪地里的疯狂冲动得到了如此美好的结果。这是他所希望的一切。但是,他说:"我没有想到,在很短的时间内,会发生一件永远改变她人生的事情。这匹马对我们来说变得更加重要,真的超乎我的想象。"

一寸光阴一寸金

就在洛莉认识朱巴尔几周后,她和史蒂夫去了威斯康星州沃索,和他的家人一起过感恩节。12月1日,她感觉不太舒服。事实上,这种不舒服的感觉已经持续好几个星期了。史蒂夫很担心,告诉她应该吃点东西,所以给她端来一些汤。他记得,洛莉说汤太烫了,所以他下楼给她取了一块冰块。几分钟后，当他回到楼上时，他听到洛莉深深地吸了一口气，然后她的头向前一塌，瘫倒在地。史蒂夫冲到她身边，并搂她入怀，但她的身体软绵绵的，还很沉很沉。他摸了摸洛莉的脉搏——没有脉搏。她的心脏停止了跳动。

史蒂夫疯狂拨打了911，接线员引导他做胸外按压。洛莉仍然没有反应。"她被诊断为死亡，"他说，"我真的听到了她咽气的声音。"没过几分钟，他就听到了警笛声，两名医护人员冲了进来，开始进行心肺复苏。令人难以置信的是，他们成功地让洛莉的心脏重新跳动，并把她送到了当地的医院。"如果再拖下去，我想，她今天就不会和我们在一起了，"史蒂夫说，"但他们只用了三分钟就到了。"

事后，洛莉什么都想不起来了，也不记得她因药物引起昏迷的那11天。她的心脏骤停，导致她的大脑受到一些损伤。她的记忆在第14天左右开始恢复，但即使到那时，她也不确定恢复了多少，因为她看到了那些日子的照片和视频。在视频里，她的声音听起来不像她自己。她的姐姐以为是药品的问题，但洛莉说不是，只是因为她正在重新学习如何说话。

这不是她唯一需要重新学习的东西。史蒂夫看着她试探性地、摇摇晃晃地走在医院的地板上，好像她以前从未走过一样。"一开始她绊了一下，但后来理疗师扶着她稳定下来,她绕着护士站转了一小圈。每个人都为她欢呼,还鼓励她。我记得你说过,尊重最细微的改变和最微小的努力。当一个人要从零开始的时候,你必须这么做。想象一下,把这些话列入每个理疗师办公室墙上的励志语录吧。"

洛莉的心脏病发作大约三周后,她被推到医院出口,她看到救她的医护人员在门口等着。她和史蒂夫坐同一辆救护车离开了医院,他们在消防局停下来吃蛋糕庆祝,感谢英雄们让她起死回生。没有他们,她再也看不到圣诞节了。

但洛莉的漫漫康复之路才刚刚开始。在接下来的几个星期和几个月里,史蒂夫发现自己经常回想起在圆形围栏里和朱巴尔的"谈话"。他记得我曾讲过打好基础的重要性,以及我们有时不得不回到过去,从骑一匹马重新开始。他看到他的心上人就是这么做的。

"洛莉不得不从头开始。她必须重新拾起这些技能。我原以为对她来说会更容易,因为技能是熟悉的,但我不得不意识到她实际上是在重新开始。如果说我们在她的身上犯了什么错误,那就是假设她能很快回到过去。如果你走得太快,那么一旦出了问题,就会造成挫折,让人在情感上感到不舒服。当她摔倒时,那是毁灭性的,因为她没有那个基础。"重建这个基础需要很多的耐心和长远的眼光。这与今天无关,这关乎她的余生。

第七章　这与今天无关，这关乎马的余生

它让我感觉它懂我

朱巴尔在洛莉的康复过程中扮演了重要的角色，并将继续发挥重要作用。出院几个月后，洛莉和史蒂夫来到农场看她的马。我给朱巴尔上了马鞍，然后把它关在畜栏里等他们来。和往常一样，史蒂夫有很多话要说，当我站在栅栏边和他说话时，我注意到洛莉已经进入畜栏，靠近了正在等她的朱巴尔。跟朱巴尔打过招呼后，洛莉朝一个方向走了几步，朱巴尔也跟着她走了。洛莉停下来看了看它，然后改变了方向。朱巴尔又跟来了。不久，洛莉慢慢地绕着圈子和八字形走着，朱巴尔紧紧地跟在她后面，头紧紧地贴着她。很难说是谁在训练谁，但洛莉和朱巴尔都在打基础。

"我们之间有一种联系，"她后来告诉我，"就好像它知道我什么时候会紧张或发抖。这是大多数人和马之间无法建立起的一种联系。至少，我想我以前从未有过这种联系。它让我觉得它很懂我。"

之后，朱巴尔回到了训练场。是时候在我们已经建立的坚实基础上继续发展了。我们要确保朱巴尔已经准备好在洛莉康复的下一阶段与她合作。洛莉已经安排好，把它

寄养在犹他州家附近的一个牲口棚里,她期待着用它和父亲一起赶牛,就像她小时候经常做的那样。

"我的爸爸越来越老了,他的健康状况不太好,"她解释说,"我不知道我们还能活多少年,但我们一定要好好利用这段时间。我知道他并不赞成我所有的选择,但我已经决定,我不能担心别人的想法。我试着在摆脱这种担忧,但改掉旧习惯需要时间。"

我注意到,朱巴尔也有一个需要改正的旧习惯:它怕牛,它的妈妈珠儿过去也是一样。有趣的是,这样的特征是如何进行代际传递的?它是个"暖男",在这方面也很适合洛莉,但它有点胆小。之后的大部分时间里,它整天都围着马场追牛,我让它处于主导地位,建立起自信。我不想在它的地基上留下一个可能伤害洛莉的漏洞。

洛莉的地基现在更加牢固了,但她发现自己很难对缓慢的恢复过程保持耐心。"作为一个48岁的女人,有时候在杂货店的停车场里,如果没有东西可以依靠,我不知道怎么才能从购物车归还处回到我的车上,这让我很沮丧。为了不摔倒,我不得不问自己该用哪条腿开路,这让我太沮丧了。但我认为,这有助于我变得更有同情心,更善于与处境艰难的人打交道。"

最近,洛莉在当地一所初中的特殊教育部找到了一份秘书的工作。大约有90个孩子被归类为有特殊需要的人,其中一些人在很小的时候就被纳入此列。有时,当他们的行为太具破坏性时,这些孩子就会被送到辅导员办公室。但他们后来出现在洛莉的办公室。洛莉会和他们说话,听他们说话,帮助他们完成课堂作业。"这太不可思议了,"她说,"我发现我有点喜欢有问题的孩子,因为我知道他们的感受。这些孩子不一定有精神问题;他们中的许多人都很聪明。他们只是在普通的课堂上表现不好。"她知道,其中一些人来自困难或创伤环境。他们没有坚实的基础。在这方面,洛莉发现,慢慢索取和快快给予是一个很有帮助的原则。

"我给予他们需要的,也接受他们能给予的。他们只是希望有人倾听他们的心声,当他们有感觉时,不要对他们期望过高。有一个孩子,如果事情不像他希望的那样发展,他会站起来在教室里踱步。女老师会让他坐下。我问她,如果他没有打扰到任何人,他就不能在外面走走吗?但她回答说,他在分散其他人的注意力。于是我提出带他到走廊里去,陪他在那里踱步,不一会儿,他回到教室里坐了下来。"就像朱巴尔为她所做的一样,洛莉让这些孩子感到她懂他们,她说:"我对他们的期望不会超过他们的能力。"正因为如此,她能够帮助他们取得进步。她知道,这与今天无关,这关乎他们的余生。

照片由安德鲁·J. 巴尔登提供。

Chapter Eight
第八章
处理好态度,
你不必面对行动

天下难事,必作于易;

天下大事,必作于细。

——老子

像马一样思考

"如果你治不好它,我就只好放弃它!"

这份最后通牒让我认识了詹姆斯·迪恩(James Dean)。它是一匹高大健壮的栗色纯种马,有一天它绝望的女主人丽塔给我打电话。丽塔是一位富有而小有成就的女骑手,在科罗拉多州的阿斯彭拥有一座农场。她已经花了不少钱,请了好几个驯马师来训练她的马。她几乎要放弃了,这时她从一个朋友那里听说我的情况,于是决定给我一次机会。我让她把马带到我开的诊所去,看看我能为此做些什么。

詹姆斯·迪恩是个好名字,对应的动物应该具备成为超级巨星的所有条件。无论它走到哪里,帅气的外表和昂首阔步的姿态都引人注目。我承认,在我见到那匹狂马之前,我不知道詹姆斯·迪恩是谁,当丽塔向我描述这位电影明星(他骑在摩托车上,嘴角挂着一支烟,眼中闪烁着挑衅的光芒)时,我明白了她为什么给那匹马起这个名字。你可以驱使它在没有骑手的情况下越过障碍,它会以完美的姿势在空中飞行。丽塔希望它能成为跳高冠军。唯一的问题是，一旦有人试图骑在狂马詹姆斯的背上，它就会抓狂。它的屁股翘得那么高，甚至会向后摔倒，这是一个可怕而危险的习惯。现在，她和每一个试图帮助她的驯马师都害怕它。当她到达诊所时，她已经走投无路了。我能否治好詹姆斯·迪恩对这个英俊但不守规矩的动物来说意味着生死存亡。

当我站在围栏另一边看着那匹马时，它让我想起了自己年轻时的样子。它就像一个任性的孩子，被放任了太长时间，它的成长没有任何界限。我并不害怕它，但我小心翼翼地接近它，毕竟，这个毫无理由的叛逆者重约1300磅（1磅=0.4536千克），一脚就能把我踢倒。不过，我主要还是为它感到难过。在它年轻且最需要合理管教时，没有人足够关心它。他们可能以为自己爱它。但他们的溺爱注定了它艰难的生活——充满冲突和挣扎的生活。

我经常在我的演示中说："没有爱的管教是虐待，但没有管教的爱也是虐待。"事实上，我认为这根本不是真爱。

詹姆斯·迪恩（简称JD）的故事证明了这一点。他被宠爱、被赞美、被纵容，但是从来没有被教导要尊重人类或者跟随人们的脚步。现在，它4岁了，变得很危险，所以人们一直在尝试更有力、更痛苦的约束。而它反而变得更加好战和无礼。这是一个循环，最终可能导致一匹非常健康的马因为伤害了别人而被安乐死。这里面有爱吗？

如何处理态度

管教是爱的一部分。如果你不这么做,将来会有人来做,到那时,问题会变得更糟,人们的反应也会更强烈。就像我告诉一些父母的那样:如果你不管教你的孩子,他们长大后,迟早会不尊重规则。他们会不尊重老师,最终他们会不尊重社会,执法部门会转而惩罚他们。他们最终会被关进监狱,对这个世界感到愤怒和怨恨,觉得这个制度是不公平的。你知道真正不公平的是什么吗?抚养他们的人从来没有费心划出一条界线,并且始终坚守,这是不公平的。有多少年轻人因为他们的父母爱他们却不管教他们而做出越轨之事呢?

我知道,现在"管教"这个词已经不流行了,但对于一个想要建立和谐伙伴关系的领导者来说,无论是在羊群、圆形围栏、工作场所,还是在家庭中,这都是必不可少的。很多人都在为此挣扎。有些人诉诸老式的管教方式,那是一种缺乏爱,近乎虐待的方式。但在我看来,如今的人们更有可能完全放弃管教,认为只有爱就足够了。当然,作为一个社会,我们正在抛弃过去虐待动物、人类(尤其是儿童)的一些方式,这是一件积极的事情。但我常常在想,我们是否在相反的方向上矫枉过正，最终导致了另一种虐待。我认识的很多马都证明了这点。

在坚定和公平之间取得恰当的平衡，从来不是一件容易的事。重要的是要记住：首先，不要伤害别人。不要因为愤怒或沮丧而惩戒别人。请尽力温柔，但必要时尽量坚定。要知足常乐，因为我们很容易会做过头。这些是我们作为人类迫切需要发展的技能。试想一下，如果人们能够更善于观察周围的人，发现那些引起麻烦的迹象，并在人们受伤之前进行干预，世界上有多少悲剧可以避免！在我与来到农场的游客分享的所有经验教训中，这点对我来说尤为迫切。

说到马，我学到的关于管教最重要的一课是：处理好态度，你不必面对行动。

狂马 JD 一进我的圆形围栏就有了态度。它露出眼白，摇了摇头。当它从我身边经过时，它拍打着尾巴，威胁地转向我的方向。这些都是为了表达一种态度的迹象，这种态度可以迅速转变为踢打、撕咬或殴打等行为。我的工作就是不让事情发展到那一步。如果你让事情失去控制，这可能是毁灭性的，然后你将不得不付出代价，回去修复一些事情。这比将事情扼杀在萌芽状态要困难得多。

你永远不会忘记那匹马踢你之前的样子。如果你学会读懂它的肢体语言，它总会在行动之前告诉你它要做什么。

如果你能迅速分析马的眼神，你就不必面对马蹄踹你的问题。如果你能处理好态度，你就不必面对行动。这就是善于观察的力量。

作为人类，我们的问题往往是困在自己的私人世界里。我们并不总是能从一个人的眼神、表情和姿势中理解他在说什么。我们错过了微妙的信号，直到对方以更明显和更具破坏性的方式做出反应，我们才做出反应。

及早处理一种态度可以避免更大的问题，无论是对马还是对人。对于JD，我知道这将是一项艰巨的工作，因为在我见到它的时候，它已经很长时间没有受到挑战了。如果在它还是一匹小马的时候，它生命中的人类能在爱和管教之间找到更好的平衡点，它就会省去很多麻烦。

我要做的是立即明确我不会让它欺负或被恐吓到。当我把沉重的马鞍放在马背上时，它突然大发雷霆，就像牛仔们所说的那样。从我拉紧绳子把它从圆形围栏里放出来的那一刻起，它就离开了地面，径直飞向空中，尖叫着，喷着鼻息。它落地时头夹在两腿之间，鼻子贴着地面。接着，它又跳了起来，用后腿带动身体旋转，然后尥蹶子，大声嘶吼。

当一匹马尥蹶子时，通常意味着两种情况之一：恐惧或愤怒。(有时候，这也可能意味着疼痛，但我有理由相信JD没有感到疼痛。) 作为一名驯马师，了解两者的区别是至关重要的。

从表面上看,愤怒和恐惧可能看起来是一样的,所以你必须读懂它更微妙的肢体语言。如果你把恐惧当成愤怒,去训练一匹害怕你的马,你只会增加它的恐惧。我从来不想因为马害怕而惩罚它——这是它的天性。如果你把愤怒当成恐惧,试着去爱一匹疯了的马,你可能会让它变得更糟。

我认为这种愤怒和恐惧之间的混淆也会延伸到人类身上,尤其是年轻人。有些人看起来自大、叛逆、好斗,但骨子里他们只是害怕。那些孩子需要的是善意和理解,而不是惩罚。还有一些孩子只是纯粹地愤怒和无礼,如果你不愿意划出一条明确的界限,那么世界上所有的爱和善良都帮不了他们。他们需要的是严厉的爱。我们大多数人对自己需要什么有一种直觉,但有时我们会忽略这种直觉。

对 JD 来说,很明显它是因为愤怒而反抗。这不是你在一匹认为自己的背上有一个掠食者而受惊的马身上看到的反应。这是一次直接的发脾气。JD 以前只背过一次轻便的英式马鞍,它讨厌那种前后都系紧的、笨重的马鞍。因此,它需要学会谦逊。在我的圆形围栏里,发脾气是不被容忍的,我认为这是我的教室。

为了像兽群里的首领一样建立我的权威,我骑上另一匹马（年长的种马）进入了马场。JD立刻向我的马发起挑战，向我们冲来，它露出了白眼和牙齿。我开始反击，在它面前挥舞着我的旗子，并迅速抬起我的腿，以免在它转身离开时踢到我。然后，我继续赶着它绕着马场转，就像一匹种马或领头的母马在野外赶着马群中其他马一样。我要传达的信息很清楚：你太过分了，需要认清自己的位置。如果你想发脾气，尽管发，但我不会让你得逞。

JD的栗色皮毛被汗水浸黑了，白色泡沫在它的身体两侧划出条纹，尽管它张开的鼻孔的呼吸变得沉重，但我一直让它往前走，直到我看到它的斗志开始减弱。最后，它停了，我也停了。我看到它低下头，顺从了，这也许是它有史以来第一次改变了态度。我立刻后退，让它休息，用柔和的声音鼓励和表扬了它。

当天晚些时候，我骑上JD，没有发生任何事故，并取得了足够的进展，给它的女主人带来了希望。但她还是不敢自己骑它，所以她让我带它回农场训练。JD成了我的家庭成员，我只是做了我会对任何少年做的事：我让它工作。没有比传统的努力工作更好的治疗方法了！尤其是对年轻的马匹来说，建立良好的职业道德非常重要，让它们养成每天工作的习惯，不是整天工作，而是每天工作。你和马（尤其是小马）之间的许多问题都围绕它们不想工作。我的小马一个星期工作六天，每天都要工作一个小时，它们和我们一样有一天休息。因为我们的作息时间一致，我相信，它们不会怨恨，而是期待工作，甚至开始享受工作。它们每天都会做好自己的分内事。

JD应该像其他的马一样完成它的任务。那匹优良的纯种马变成了一匹不起眼的农场马，它在农场里放牛，还给牛分门别类，给生病的牛套上绳子，给它们治病，在工作的间歇戴着马鞍，耐心地站着。它需要持续的努力和明确的界限来消除多年的放纵所造成的大部分伤害，最终它的坏态度消失了。这种坚强的意志变成了一种财富，因为它拥有令人难以置信的耐力和勇气。我甚至开始用它来训练其他不守规矩的小马。像我曾经训练它一样，JD带着它们在围栏里转来转去。

当JD要离开的时候，看到它走，我很难过。它已经成为我很有价值的合作伙伴。但它有比在农场工作更高的使命。几个月后，丽塔给我发了一段视频，是JD在一场马展上背着一个孩子，表演了一个完美的跳跃动作。当它毫不费力地跳过了所有障碍物时，它那编成了辫子的鬃毛和尾巴，以及闪闪发光的栗色皮毛，都让它变得如此美丽。它有信心，但没有态度。它确实引人注目。我喜出望外，因为我为JD感到骄傲，也感谢丽塔对我的信任。她告诉我，现在它的身价超过10万美元。

努力永远不嫌晚

态度最糟糕的地方在于它具有传染性。它可以毒害工作场所或游乐场的文化,它可以把家庭变成战场。孩子们会认为态度差是很酷的表现,并试图模仿,特别是当坏态度不受控制的时候。如果一个同事总是不受惩罚,员工们会感到怨恨和没有动力。回想我以前开诊所的时候,我记得一个态度恶劣的参与者是如何让所有人的日子都变得糟糕的。态度需要被迅速、清晰、坚定、果断地处理。

趁早处理一种态度,比以后再处理要容易得多,但是努力永远不嫌晚。我记得,有一次我在佐治亚州开诊所。大多数参与者都很热情、积极、投入,但我注意到一位头发花白的老牛仔,他嚼着烟草,戴着破旧的黑色牛仔帽,用怀疑的目光看着我。他显然是不想被注意到,但他的态度完全是怀疑的。他的双臂交叉,身体向后靠,这样的肢体语言是针对我的。我想知道他为什么会在那里。我能接受这种态度吗?还是像大多数人那样,对他视而不见更明智?我总觉得他来我的诊所是有原因的。他内心深处想要学习,只是他不想被人看到。

我觉得值得一试。毕竟,我不想让他的态度影响到整个诊所。我有个直觉,我应该试试。处理一种态度并不总是意味着严厉或管教。在这种情况下,我采取了不同的方法。我以前处理过这种骄傲的表现,我知道最好的做法是设法消除它,而不是挑战它。我得让他为我工作,而不是和我作对。

"先生,您看起来对马很在行。您可以帮我一下吗?"

他不情愿地走上前来,和我一起进了圆形马场。我请他帮忙,是对他是个老手这一事实的尊重。很快,我让他参与到帮助一些小马驹的工作中来。慢慢地,他心软了。对立的态度从他身上消失了,我能感觉到他正在密切关注我所分享的一切。那天我没有带自己的马,因为我是急匆匆赶到诊所的,老牛仔提出把他的棕色骟马借给我,结果证明这是一匹很好的马,训练有素。

后来,我知道了他出现在诊所的原因。他的一个孙女也参加了,但他和她的母亲(他的女儿)关系疏远,他已经很多年没见过她了。难怪他一开始看起来很不自在,因为他不知道自己是否受欢迎。

再后来我听说,离开诊所之后,他与家人取得了联系。三代人之间已经有了宽恕和和解。他的妻子非常感激他所做的改变,使他们能够与女儿和孙女重新建立联系。即使经历了几十年的怨恨和愤怒,那个坚强的老牛仔也能放下这种态度,谁知道呢!无论你在一条赛道上走了多久,改变和开始做一些不同的事情永远都不会太晚。谦卑一点，做正确的事，说正确的话，永远都不晚。

埋葬尥蹶子的冲动

当我和年轻的马一起工作时，我从第一天起就在注意它们的坏态度，并且毫不犹豫地加以纠正。我知道，把这种对抗推迟到它们更大、更强、更自信的时候，是不会有任何收获的。我相信这同样适用于人。就像优秀的骑手和敏感的领导、教练或父母一样，他们能够读懂态度，并预测这些可能导致问题行为的未来道路。在出现问题的第一个迹象时就进行明确而坚定的修正，可以避免以后的许多挣扎。

你不会看到这种态度，除非你愿意在马还小的时候给它一点压力。我不介意第一次给小马套上马鞍时它会尥蹶子，这通常是一件正常的事情。如果它需要尥蹶子，那就让它尥吧，之后，马背上的骑手可能会受伤。如果你对马太过温柔，避开了这种对抗，它就无法施展自己的抱负，迟早它会在你最意想不到的时候让你难堪。比如几周前，我的马群中最温顺的一匹马毫无征兆地把我从马背上摔了下来。

我早该知道的。我现在比以前更谨慎了，不愿骑上可能会尥蹶子的马。我这把年纪最不需要的就是骨折。但把我摔下来的那匹马既不是未受伤的小马，也不是野马。那是一匹我整个冬天都在训练的马，一匹名叫"长腿哥"的栗色骟马。我买下它是因为它看起来很温柔，而且它也没有辜负我的期望——直到事发当天。

正如我们在农场里所说的那样，它的腿"吃的是热饲料"，这意味着它一直在吃富含高蛋白质的春草。我已经好几个星期没有和它一起工作了，但我希望它的表现能像在整个冬天训练时那样，于是我跳上它的背，一起去了那个大大的圆形围栏。突然，邻居家的一群马从农场上飞奔而来。它的腿抬得高高的，尾巴伸得长长的，我看得出来它想跟着它们跑。我并不担心，这种情况并不少见。我只是开始引导它将旺盛的精力留在围栏里。

但突然间，它心碎欲裂，然后尥蹶子。它真的在努力奋起。就在我拼命抓住鞍角的时候，我脑子里闪过一个念头：它以前可能从来不曾真正地尥蹶子。它怒不可遏，自己也吓了一跳，于是更加奋力地尥蹶子。我坚持了一段时间，但我现在老了，行动也慢了，最终我放弃了。我摔得很重，弄伤了背。我疼得直打哆嗦，想站起来，但又改变了主意，就在那坐了一会儿，喘口气。抬头望着仍在马场上尥蹶子的马，我不知道自己错过了什么。显然，我当时对它不以为然，因为它总是那么和蔼可亲。

第八章 处理好态度，你不必面对行动

当我回想我和那匹马的经历时，我意识到了一些警告信号。它有点咄咄逼人，不太尊重空间感。它经常把耳朵夹住，这说明它的脾气不好。也许是那个抱怨它的女人从来没有真正和它一对一交手，也没有以这样一种可能会暴露它态度的方式划定界限。大多数小马在打破界限的过程中会经历几次发脾气。如果你不让它们的臭脾气发挥作用，它们长大后就会改掉坏脾气，也会变得成熟。但也许这匹马只是被宠爱着，可以为所欲为，从来没有受到足够的压力来发泄它的愤怒。

既然我看到了它的态度，我别无选择，只能面对。我并不急于回到马鞍上进行第二回合。我当时伤得很重。但我知道，如果我一瘸一拐地走开，就这样不管不顾，"长腿哥"就会得到尥蹶子可以发挥作用的信息。它最不该记住的事就是：它把我摔倒在地，它就不用工作了。相反，我决定使用一种古老的骑马技巧，即"把马放倒"。如果你看过罗伯特·雷德福（Robert Redford）的电影《马语者》（*The Horse Whisperer*），你可能还记得他这样做的场景。这不是我经常使用的技巧，但有时我的直觉告诉我，这对一匹特别的马有帮助。我带着"长腿哥"走到竞技场中央，正是它把我摔下来的地方，我先把绳子套在它的前脚上，然后把绳子套在鞍角上。我施加轻微的压力，让它先抬起这条腿，然后用其余三条腿鞠躬，屈服于我的压力。最后，

它发出一声顺从的呻吟，侧身躺倒在地上。

"把马放倒"不会伤害马，但会让它们感到谦卑。它破坏了自己的防御天性，变得脆弱，身体在蜷缩。我说的并不像以前的牛仔那样把马扔到地上，这是一个缓慢而谨慎的过程，我只会在安全的环境下这么做。我只是在处理它的态度，这是我和它之间的事。这是我们俩之间的一对一交手。为了强调这个信息，一旦"长腿哥"躺下，我就坐在它身上。然后我跟它好好谈了谈。我告诉它，它的行为是不可接受的，不被容忍的。它可能会伤我很深，我不该受到这样的待遇。我对它很好。它不是新手，应该能熬过这场无缘无故的灾难。

当然，"长腿哥"不会说英语，不过它明白我的话。我的肢体语言能帮助它领悟我的话：我在建立尊重。我没有打它，但我也不爱它。我说完话，又在那里坐了几分钟，我感觉到它放松下来，它的愤怒也平息下来。它放弃了自己的欲望。有些人害怕因为坚持让马服从而摧毁马的精神，而我认为不需要这么做，但也得摧毁它们想要战斗的反叛欲望。

我又给"长腿哥"上了马鞍，把它带到了圆形围栏里。有些骑手会努力"刺激马尥蹶子"，激怒马，与问题行为迎面相撞。我不会那样做。在我看来，这只不过是在要求再次被马摔倒在地，而且有可能在马的头脑中形成一种习惯模式。于是，我重新开始，回到最基本的工作，处理任何困扰它的小事情。我帮它撑过了这段时间，它没有尥蹶子。我甚至几天都没骑它，只是做基础工作。后来我轻松地骑行了几次。我的目标是让它意识到，它不必日复一日地尥蹶子，这样我就可以巩固它的那些良好的选择，创造一个积极的模式。

我的感觉是：当有人（或马）搞砸了，我不想强调他做错了什么。我真正想做的是慢慢地增加压力，每天对他多要求一点，但就像汤姆·多兰斯常说的那样，"离麻烦远点儿"。每天，我会把那条界线推到我觉得它可能想要尥蹶子的地方，然后退一步，让它知道它不必尥蹶子。每天，这条界线都会向外移动一点，马也会跟着这条线移动，它再也不用经历那种痛苦，即它被逼得太紧，有人会受伤（或伤害它）。我们要离麻烦远点儿。我可以让它知道，我们和睦相处对它更好。我不会让它的生活变得艰难。我想建立起它可以成为优秀运动员的信心。如果我把它逼得太紧，就会刺激它尥蹶子，但那有什么用呢？就像汀克说的："建立在好事的基础上，也许坏事就会消失。"或者，就像我喜欢说的："埋葬尥蹶子的冲动吧！"

自从这件事发生后，"长腿哥"谦逊了一点，赢得了一些尊重。它是匹好马，我希望我们的小崩溃不再重现，它这种尥蹶子摔人的冲动，是第一次出现，也是最后一次出现。

照片由克里斯·道格拉斯提供。

Chapter Nine
第九章

你可以痛苦地熬，
也可以快乐地活

坏事确实会发生！我对它们的反应决定了我的性格和我的生活质量。

我可以选择永远沉浸在悲伤中，失去的悲痛会让我无法自拔。

我也可以选择从痛苦中站起来，珍惜我拥有的最珍贵的礼物——生命本身。

——沃尔特·安德森（Walter Anderson）

像马一样思考

第九章 你可以痛苦地熬，也可以快乐地活

当我第一次看到那匹栗色小母马时，它正站在齐踝深的泥土和粪肥里，耷拉着脑袋。它长长的鬃毛和尾巴乱糟糟地缠在一起，皮毛粗糙而暗淡。它的肌肉萎缩，每根肋骨都显露了出来。它的蹄子很长，因为缺少修剪而开裂。它是一群马中的一员，这些马被关进了拍卖会上的畜栏里，这就是著名的"死囚牢"，意思是：如果没有人买，它们很快就会被送往屠宰场。我一点也不知道，这匹愁容满面的小母马会发生比我想象中更大的变化，而在这个过程中，也让我发生了改变。

我遇到这匹小牝马是在我人生的低谷。那是在20世纪80年代，当时我住在加利福尼亚州，主要工作是打马球、驯马。我的第一段婚姻触礁了，我为自己一生中对人和马所犯的错误而自责。我需要一些东西让我重新对自己的生活和工作感到兴奋。

拍卖会上的卖家告诉我，这匹马已经3岁了，甚至还没有驯服到可以牵着走，实际上它从来没有被人碰过。它

是一份"分手协议"——有人要分手，却被它缠住了，想要迅速甩掉它。也许它让这些人想起了他们现在宁愿忘记的前任。我看着它，觉得不太可能有人认为它的皮相值钱，卖肉也讨不到好价钱。但我开始学习如何发掘潜力，如何看待一匹马的本来面目，而不是它现在的样子。当我想到它身体健康、体重300磅（1磅＝0.4536千克）时，我看到了它的潜力。它是速度和耐力的结晶。它的眼睛像鹿一样睁得大大的，绝不是轻言放弃的马的眼神。尽管它经历了很多艰难的时刻，当它感到威胁时，眼神很快变得呆滞和恐惧，但它的眼睛里还是充满了善意。尽管它在生活中遭遇了种种不顺，但我看得出它仍然是心甘情愿的。当我走进围栏仔细看时，我挥了挥绳子让它走起来，它优雅地沿着围栏跑了出去。即使它很瘦弱，也能很快地移动步伐。它会努力的。我只要看到这些，就知道我能从那匹马的身上得到什么。

到了拖车门口，它吓了一跳，然后转过身，跑回小巷，径直朝我跑来。我向它挥手致意。每当它改变方向并翻转跗关节时，它的后脚就会滑到身下。只走了两步，它就朝相反的方向疾驰而去。光滑的表面对它没什么影响。多么了不起的运动员啊！我想象着它在马球场上的样子。经过几次拒绝后，小母马小心翼翼地把头伸进拖车，闻着地板。

一只蹄，两只蹄，逐渐地，三只蹄，四只蹄，它站在了拖车里。然后它转过身，跳了出来，朝我跑回来。"没关系，姑娘，"我说，"你慢慢来。我不着急。我们只是练习一下装和卸的动作。"要不是我想把它害怕的东西变成帮助它学习的工具，我当时才不会这么说呢。如果它想离开拖车，这也是它需要学习的技能。然后，它就可以练习怎么上车了。最后，它走进了拖车，静静地站在里面。我轻轻地关上铁门，回家去了。

当时我的妻子洛克看着拖车，扬起了眉毛，问道："你想买的是什么马呀？"我打开拖车的门，那匹小母马跑进了圆形围栏。"它看起来像一堆骨头。"洛克说。

"它现在看起来很粗糙，但我认为它有潜力。而且价格很合适。"我不太清楚为什么，但我只是觉得我可以让这匹小母马做点好事。我想试一试。第二天早上，我很早就醒了，清晨的阳光从谷底升起，爬上了白雪皑皑的山脉。青蛙在池塘里呱呱叫，草地上云雀在唱着晨歌。我急忙跑到马厩里，急切地想和我的新马一起干活儿。

当我走进围栏时，小母马把尾巴甩在空中，跑到围栏的另一边，撞在了围栏的钢板上。它把下巴贴在栏杆上，来回旋转，想要跳出来。我拿着缰绳走到中间，开始牵着它绕着围栏转。它的皮毛很快就被泡沫染白了。它不停地望着外面其他的马,以便给自己一些安全感。"亲爱的,你的问题的答案不在外面。看看我就知道了。"当它四处走动时,它的内耳指向了我,它的眼睛迅速瞥了我一下。我向后退了几步,疏远它,朝着它最喜欢的马群的方向走去。然后我停了下来,一动不动地站着,没有发出威胁信号。它慢慢地走着,把鼻子垂到地上,仿佛在嗅泥土,然后舔了舔嘴唇。"就是这样,"我轻声说,"我是不会伤害你的。"

它试探性地向我走了几步,然后我单膝跪地,身体变小了,威胁变小了。我让它静静地站着休息。它慢慢地靠近我。我手脚并用,慢慢靠近它鼻子几英尺(1 英尺 = 0.3048 米)的地方,但它似乎准备逃跑,所以我后退了一点,等待着。大约过了 1 分钟,它走近我,嗅了嗅我的帽子,接着又用鼻子碰了碰我的帽子和我的肩膀。我能感到它留在我脖子上的温暖的气息。

我伸出手,等待着。它慢慢地把它的嘴放在我的手上,嗅了嗅。我仍然跪着,向旁边挪了几英尺(1 英尺 = 0.3048 米)。它犹豫地跟着我,把头伸向我。我小心翼翼地转过身来,向它的鼻孔里吹气,就像马和马相遇时那样。我慢慢站起来,绕着它走。它转过身来,像狗跟着主人一样跟着我。

这种接纳和联系以前也在我身上发生过，但这一次它让我不知所措。也许是因为那一刻我的情绪很低落，很孤独。我被那犹如温暖的毯子包裹着的我的爱震惊了。我跪了下来，眼里充满了泪水。那匹小母马站在我旁边，鼻子贴着我的肩膀。当我抬头看着它的时候，我看到了自己的影子，那是一个被自我批评打倒的、绝望地寻求帮助的男人。我与母马的联系，以及它无条件的接纳，点燃了我内心的某种东西：一线希望。

第二天早上，我感受到一种新的活力，迫不及待地想要见到我的小母马；这次它直接走来迎接我。它会让我抚摸它吗？我伸手去摸它时，它紧张了一下，转身离开了。"没事的，姑娘，"我说，"我知道你很害怕。我们会再试一次。"

我们只花费了一点儿时间，比前一天短得多，它就可以主动转向圆形围栏，而且没有汗流浃背。"对不起，"我说，"我第一次尝试的动作太快了。"我轻轻地把手放在它的肩膀上，手指放松地向下指着，伸出手去触摸它。它没有跑，我轻轻地用手抚摸着它的脖子，感受着它粗糙的皮毛和消瘦的肌肉。"没那么糟吧？总有一天你会感觉很好。"我给它按摩时，它静静地站着。偶尔它会回过头来嗅我，以求安慰。我给它按摩完后，它就跟着我。"今天就到这里吧，"我说，"让我们尽欢而散吧。"不知为什么，我想不出一个适合它的名字。别担心，我想，我会给它取个好名字的。

日子一天天过去，母马变了，我也变了。我的态度变得更温和，少了批评，多了接纳。我和几百匹马一起工作过，为什么这匹马对我的影响如此之大？我不确定，但当我开始改变想法时，我的马儿表现得更好了，也更主动了。我们之间的关系建立更多的是靠联系，而不是方法。也许我对它们的威胁更小，看起来不像一个掠食者，更像是一个朋友。我学会了欣赏它们本来的样子，而不是试图强迫它们按照我的想法去做。我注意到并培养了它们的才能和兴趣。我这辈子第一次明白了什么是接受。我不再拿自己和别人比较，自我谴责的负担在一点一点地减轻。

小母马发育迅速，体型已经发生了变化。它从毛虫变成了蝴蝶。很快我就可以骑着它到处跑了。它的体重增加了，它的栗色皮毛变得像铜币一样闪亮，黑色鬃毛和尾巴变得越来越长，在阳光下闪闪发光。它的肌肉开始变得有型，直到它看起来和我想象的一模一样。后来有一天，我正骑着它穿过马球场，洛克从我身边疾驰而过。她看起来很兴奋，说道："我知道你的母马叫什么名字了。"

"什么名字？"

"米拉格罗，"她说，"这是西班牙语，奇迹的意思。"

这个名字很容易就浮现在我的脑海里。"太完美了！"

真是名副其实，而且小母马会将奇迹进行到底。就在我把它从"死囚牢"里救出来的六个月后，我以 15000 美元的价格，把它卖给了一个来自堪萨斯州威奇托市的马球运动员。它变得比我想象的更好，同时也改变了我，而我当时还没有完全意识到这一点。

化腐朽为神奇

米拉格罗教会了我很多东西，其中最重要的就是奇迹确实会发生。或者，换句话说：你几乎可以把任何坏事变成好事。在某种程度上（尽管不是所有的情况），我认为同样的原则也适用于生活。坏事会发生在我们每个人的身上。我们不能总是控制发生在我们身上的事情，有时我们只能忍受失去、伤害或背叛的痛苦，直到时间治愈我们。但当我发现自己处于挑战或挫折之中时，我总是试着考虑这个问题：我可以用这个做好事吗？黑暗中是否隐藏着奇迹的种子？

当我遇到一匹马有问题（它不喜欢或害怕的事情）时，我不是惩罚它，而是用"坏事"给它制造压力，教它新技能。我可能会利用防水布或者水管，可能会让围在围栏周围的观众发出可怕的噪声。无论它对什么反应消极，我都可以那样激发它动起来，这样它就会变得更灵活，反应更灵敏。我也试着以这种方式生活。我相信我们可以化腐朽为神奇。这完全取决于你的态度。

我说的不仅仅是积极地看待事物，或者否认生活中的挑战和困难。我这辈子有很多时候都觉得周围的一切都在和我作对，我看不到自己的出路。有些事情就是那么艰难和痛苦。但我明白了，即使在最黑暗的时刻，我们也可以选择如何应对。世界的另一面总有光明的可能，有时我们会在最意想不到的地方发现美好。

我认为，能够领悟到这种哲学是因为我经常去马匹销售的屠宰场，就像我发现米拉格罗一样。当人类放弃马或不再照顾它们的时候，马就会在这里结束生命。它们基本上是被丢弃的、没人要的马，除非有人决定给它们一个机会，否则它们就会被人宰了吃肉。人们认为那些马太难搞、太崩溃、太狂野，或者只是因为负担太重而弃之。我一直被这些马所吸引，部分是因为挑战，部分是因为我可以廉价买下它们，把它们放在新的赛道上，然后卖掉，获得可观的利润。这就是贸易游戏的名字：低买高卖。我不可能拯救所有的马，我知道这一点，因为我吃了不少苦头。但我发现，给这些动物一个美好生活的新机会，可以让我收获满足感。俗话说，一个人的垃圾是另一个人的宝藏。这些马对我来说很珍贵，它们教给了我生命中一些重要的道理。

当生活让我不如意时,我发现自己想要发怒或感觉自己像个受害者,我会想到像米拉格罗这样的马。它们经历了各种各样的困难和可怕的情况,但它们的精神没有被击垮。它们仍然愿意尝试和努力,在某些情况下,它们经历了显著的转变。这让我想起了我的母亲在我人生低谷时对我说过的话,这句话几十年来一直萦绕在我耳边:"你可以痛苦地熬,也可以快乐地活。"

感受痛苦容易,痛并快乐地活着不易

如果有人有理由感到痛苦,那就是我的朋友史蒂文·米尔沃德(Steven Millward)。他瘫痪几十年了,他的生活被限制在一个机动轮椅上。但史蒂文是我见过的积极乐观的人之一。他曾对我说:"感受痛苦容易,活得痛苦不易。"

我和史蒂文认识之前,在当地的牛仔竞技会上见过他坐在那个轮椅上。他总是在赛马滑道附近的某个地方和年轻的骑手交谈,鼓励他们,给他们建议。他的精力和热情似乎与他的处境不相称。我有时好奇他有着怎样的故事,但几年之后我才知道。

有一年夏天,我正在寻找我们演示用的小马,我注意到高速公路对面的农场上有几匹漂亮的小马。经过询问，我得知史蒂文就是拥有者。我想，也许他需要一些帮助来激发它们的能力，作为回报，我可以得到几匹小马供我演示，于是我给他打了电话。他很快就同意了我的建议。随着我对史蒂文的了解，听了他的故事，他很快就成了我的朋友，也成了我心中的英雄之一。

史蒂文在离自己19岁生日还有几周的时候，和一些朋友开车去蒙大拿州贝克观看牛仔竞技。他在杰克逊出生，和马、牛一起长大，喜欢参加团体套索、套小牛，尤其是骑野马比赛。

那天，史蒂文参加了骑野马比赛。这趟旅程的开始和其他无数次旅程一样。史蒂文爬过马滑槽上方的栅栏，小心翼翼地跨上马鞍。他感到马在他的身下颤抖。他把磨损的绳子牢牢地缠在长满老茧的手上，双脚向前蹬在马镫上，身子向后靠，准备好应对马跳跃。大门打开了，人群怒吼着，那匹马突然尥蹶子，爆发出一阵抽搐。有那么几秒，史蒂文跟着马，像冲浪者乘风破浪一样配合它的节奏。然后马在空中飞起来，第一个撞到地上的是他的头。

他记得接下来的事，竞技小丑的彩绘脸在他上方出现。此时，他已经无法呼吸。

"你没事的，孩子。你只是被风吹倒了。让我们帮你站起来。"

史蒂文竭尽全力，但只是勉强挤出了几个字："不要……移动……我。"

他说："事情发生的那一刻我就知道了。我的脖子摔断了，不会弄错的。"

当他躺在泥土里时，他听到上方传来一个熟悉的声音，他知道他受过急救训练的父亲会处理好一切。"所以我被救走了，"他回忆道，"我的生活在那一刻平静下来，我确信这就是结局。"

他在去往医院的救护车上醒来。他的第一个念头是什么？"他们为什么不把该死的警报器关掉？"他感觉他的头都要爆炸了。但在那段痛苦的旅程中，他收到了一个明确的信息。"还没到我死的时候。我认为我获得了一种平静的感觉，让我相信在生活中我还有很多东西可以奉献。"

我听说牛仔是有胆量且拥有马的人。史蒂文两样都有。他比最勇敢的野马骑手还要勇敢。很多像他这种情况的人可能再也不想看马了，但这个人不会。他不能再骑马了，但他还是个牛仔。"我就是为马而生的，"他说，"这种天性就藏在我的基因里。它就像我的棕色头发一样是我身体的一部分。"事实上，在丹佛一家医院度过了几个月的"身体零件拼合"时光之后，他回到杰克逊的家不久，就去了离事故现场仅50英里（1英里=1.6093千米）的一个马匹拍卖会，给自己买了一匹马。他买了一匹安静的退役老马吗？想都别想。他买了一匹尥蹶子的公马。

史蒂文被限制在轮椅上，不能步行，于是他计划和他的叔叔一起养马。"马是让我的生活恢复正常的一种方式。"他解释道。当他回忆起往事时，微笑使他的声音变得柔和。"那匹种马就像小狗一样温顺，它真的非常好。"史蒂文开始和马儿们闲逛，开着他的电动轮椅进入农场。他说："我在畜栏里观察马时学到的东西比骑马时多得多。"他被它们的肢体语言所吸引——它们的嘴，它们的耳朵，它们的眼睛，它们站立的方式。"你可以从观察马中学到很多东西，而不仅仅是关于马的故事。当你开始把它与人类经验联系起来时，你会发现，在那个畜栏里每匹马都有自己的特点。"

史蒂文比我见过的任何人都更能化腐朽为神奇。我从未见他表示过痛苦或遗憾。他说，从他在救护车里醒来的那一刻起，他对发生的事情从未有过任何敌意，甚至对伤害他的那匹马也没有敌意。"它只是在做它的工作！"他甚至开玩笑说，"我花了150美元才扭断了脖子"（150美元是他参加牛仔竞技的报名费）。有一次，他用一种更严肃的语气对我说："如果这件事没有发生在我身上，我就不会成为今天的我。"他说，这次的事故只是"磕磕碰碰而已，这是我要克服的困难"。一开始，他确信，克服困难意味着再次行走，但他逐渐意识到，这对他来说是不可能的。现在他已经适应了用其他方式克服困难。"我已经克服了很大程度的麻痹,"他说,"一开始我根本无法动弹。但现在我的感觉基本恢复了。我的右臂活动得很好。"他还学会了用声音操作电脑。

史蒂文是我认识的最鼓舞人心的人。我很荣幸能成为他训练小马的助手。然而,这些天来,他很少有时间陪他心爱的马。他大部分时间都在远离他称之为"家"的怀俄明州的广阔大地。他坐着轮椅在怀俄明州拉勒米市的一个小型学生公寓里转圈,身边紧跟着他忠诚的爱犬沃尔特。他在那里的法学院上学以获得环境与自然资源硕士学位和法学博士学位。他还有两年就毕业了。他说:"我想可能是时候接受教育了。"

当被问及毕业后打算做什么时,他的回答体现了他思维开阔。"我明白了,"他不带一丝苦涩地回答,"不要把所有的鸡蛋都放在一个篮子里。所以,让我们看看生活会把我带向何方。"以我对史蒂文的了解,我毫不怀疑他的情况会越来越好。

照片由克里斯·道格拉斯提供。

Chapter Ten
第十章
别害怕,动动你的脚

吃一堑,长一智。

——牛仔格言

像马一样思考

第十章 别害怕，动动你的脚

"谁准备好去抓马了？"

站在畜栏周围的高管们看起来根本没有准备好。这并不奇怪，毕竟，这些人为一家科技公司工作，并不完全习惯于处理大型动物。他们的表情从兴奋到不适，再到恐惧。

我们即将开始一项新的练习：每个人进入畜栏，试着给马套上缰绳。他们可能会感激你先给他们一些提示，比如，缰绳怎么往上拉，马的哪一头是危险区，诸如此类的事情。但是，在和茜茜·莫肯（CeCe Morken）的谈话中我们达成了一致，我不会给别人任何指示。茜茜是那天与我合作的团队的领导。茜茜想让她的团队自己弄清楚。更重要的是，她希望他们会失败。

这是我第四次见到茜茜，她当时是财捷集团（Intuit）战略合作伙伴集团的执行副总裁。她是一群领导者中的一员。他们第一次一起来到蒙大拿州的一个农场参加颁奖之旅。他们让我来做演示。显然茜茜很喜欢这些课程，并把它们牢记在心。她是一位深思熟虑、富有同理心的领导者，这是她给我的印象。不久之后，她邀请我到公司位于沃斯堡的办公室再教学一次。现在她带着她的队员们来到农场，准备进行一天的高强度训练。

我们不可能对每个团队都做这种深入的工作，但我喜欢队员们选择不只是看我训练马，而是亲自进入围栏，亲身体验。当你不得不将驯马哲学付诸实践时，它会以一种全新的方式鲜活起来。我和茜茜一起制订了当天的计划，通过一系列练习来建立团队之间的信任。

从我们早期的接触中，茜茜一直坚持的一个原则是，错误和失败是学习的必要条件。她对我说："我们正试图改变我们的企业文化，我们不仅奖励成功，而且奖励那些愿意冒险的人，即使他们失败了也无妨。我们试图让队员们有更多的'绳索'，因为我们知道，如果他们绊倒了，也没什么大不了的，这样他们会学得更好。失败可以激励学习，我们希望队员们是'无所不学'而不是'无所不知'。"

茜茜知道，仅仅告诉队员们什么是犯错或失败是不够的。领导者需要自己做出榜样，这就是为什么她愿意成为那天率先尝试抓马的人之一。如果人们在犯错时感到自己被评判或嘲笑了，他们就会害怕尝试，即使领导说没问题也不行。这就是为什么茜茜想让她的团队亲自和马打交道，并当着同伴们的面这么做。

"我希望队员们在他们从未经历过的环境中感到舒适，因为学习对我来说真的是一个非常重要的优先事项。"我们站在畜栏里看马时，她对我说。

第十章 别害怕，动动你的脚

我环顾四周，看着那些尴尬地站在围栏边的高管们，我想，他们今天肯定会学到一些东西，可能也会有一些失败。我打开畜栏的门，举起一根绳索，问道："谁想先来？"

高管们被分成了几个小组。每个小组派一个人进入畜栏，从马群中挑出一匹马，拴住它，然后把它移到围栏里。其他队员可以站在中立的立场上提出建议。最先移动所有马匹并准备开始工作的小组将成为胜利者。

第一批志愿者站了出来，拿走了缰绳。我看见一个女人进了畜栏。她开始打响指，对着马"咯咯"地叫起来，这是说服马走开的好方法，而不是站着不动，任人抓住，而马确实这样做了。另一小组中那个高大、自信的家伙采取了不同的方法。他径直走向一匹马，面对着马脸，双手托着缰绳，好像他希望马只是把鼻子伸进去。那匹马对这种做法感到困惑，并有点生气，它转过头去，慢慢地走开了。另一个家伙蹲在泥土里，就像对待狗一样，对马喊道："过来，好孩子。这里，这里。"可惜，马没有移动。

起初，围栏旁的其他队员会嘲笑同事的不幸。但很快，他们不再笑了，开始提供建议。当其中一些人试着抓马时，他们意识到这并不像他们想象的那么容易。有两个小组开始合作，在畜栏里的人并没有感到太暴露、太愚蠢。他们想出了如何在自然视野范围内从马的一侧接近马。

他们学会了如何把缰绳拉得很低，这样就不会吓到马，然后慢慢地把缰绳滑到马鼻子上并打结。最后，当一个小组成功地将本组最后一匹马拴住并将其移入围栏时,他们爆发出了一阵欢呼声。但是,获胜的小组没有休息和庆祝,而是留在了围栏边。整场的最后一匹马正在抵抗一切"抓捕行动"。因此,大家忘记了竞争,每个人(包括获胜者)都开始提出建议,并不停地鼓励最后一名努力给马套上笼头的组员。在他们的支持下,她也完成了手头的任务。

如果它愿意转变,它就是在学习

当一匹马因为害怕或不确定而犯了错误或没有通过测试时,我不会因为这个错误惩罚它。如果我惩罚了它,它就会把这个错误和惩罚联系起来,不太可能再试一次。我最不想看到的就是它因为害怕被纠正而僵住。我希望它继续移动脚步,再试一次,寻找答案,一直探索下去。

假设我想让一匹马踩到一块大大的橙色防水布。这对它来说是一个可怕的、陌生的物体,在风中沙沙作响。马在围栏里,我会让它自由选择。我不会把它拖到防水布上,也不会强迫它留在原地。但我会让正确的事变容易,让错误的事变难。

我会用我的旗子给它施加压力,让它在离开防水布的时候移动得更快,当它靠近防水布的时候,我就释放压力。尽管如此，它还是退缩了，它哼了一声，转身离开了这个陌生的物体。一些驯马师可能会因为马的错误选择而惩罚它。对于马的失败，他们可能会试图违背它的意愿把它赶过去。

我不会那么做的，但我也不会就这么放弃。相反，我会让它在恐惧面前来回走动，让它面向恐惧，但当它被恐惧困扰得太厉害时，我允许它离开，走几步后再回头。在这个过程中，它会变得更敏捷。如果它在尝试，我不会强迫它，那是释放压力的时候。对它来说害怕是可以的，但重要的是它要不断地面对恐惧（一次又一次地面向恐惧）直到克服恐惧。如果它愿意转变，它就是在学习。

在我的生命中，我见过一些优秀的马和人表现出了不断转变和学习的意愿。他们知道自己不需要在第一次尝试时就把事情做好，他们不怕自己看起来很愚蠢。他们能够不断前进，尝试不同的东西，从不同的角度处理问题，再试一次也无妨。

我们都会犯错。失败是生活的一部分，失败对学习和成长至关重要。失败只意味着你发现了什么是行不通的。当一匹年轻的马接受训练时，它会犯很多错误。这是它旅程的一部分。我允许它自己寻找和做出选择，鼓励它把事情弄清楚。它迟早会发现，避开防水布、逃避过河和避开通往谷仓的道路都是行不通的。

我是这样看的：只要马愿意移动脚步，它就是在朝着正确的方向前进。它通过移动和冒险，学习什么是对的、什么是错的。不管怎样，这都是一种进步。

如果你从不失败或犯错误，那你就太过谨慎了，几乎没有生活的感觉。就像人们说的，如果你还没有从马上摔下来过，那说明你骑马的时间还不够长。人和马经常陷入困境，因为他们不想犯错误。他们停下脚步，停止朝着自己命运的方向前进。根据我的经验，这有两个原因：要么他们太恐惧，要么他们太骄傲。

骄傲和恐惧看似截然不同，但它们的最终结果是一样的：你会停止前进，停止学习，停止成长。骄傲先生说："我不必移动。"恐惧先生说："我不敢移动。"如果马不移动脚步，我就不能教它。我想要一匹愿意不断移动的马，那样训练起来比较容易。就像雷·亨特常说的："如果你想要一匹不动的马，那就买个锯木架吧！"尝试新事物、犯错误、不放弃，需要勇气和谦卑。如果我们没有失败的自由，我们就永远不会尝试。如果我们不尝试、不努力，就永远不会取得进步。

对失败的恐惧会阻止你前进，让你错过很多机会。从小到大，我目睹这种事发生在我父亲的身上。作为大萧条时期的孩子，他经历了如此艰难的岁月，这让他产生了一种根深蒂固的恐惧，对此他从未克服过。我父亲有几次机会购买房地产，这本来可以使他成为富翁。他当时甚至知道这一点，但就是无法克服对犯错的恐惧。

我记得他在做决定的时候十分纠结，非常想走出去冒险，但又总是说服自己放弃。就像我合作过的很多马一样，它们因为恐惧而瘫痪，不敢移动。回顾过去，我可以看到，每一笔投资都是不错的选择。

这种让马按照我自己的方式去探索、犯错并从中吸取教训的哲学，对我自己的生活产生了深远的影响。现在，当我失败的时候，我不会那么难过，我会试着从中找到教训。有些错误和失败是微不足道且无关紧要的；但有一些错误则很大，可以改变生活。这两种类型的错误我都犯过很多，我很感激它们。就像和我一起工作过的马一样，我学会了即使在因恐惧、羞耻或尴尬而瘫痪的情况下，我也能移动我的脚。一路走来，我逐渐明白，失败是进步的必要条件。我经常告诉自己："我会犯错，但没关系。这就是我学习的方式。我允许自己失败。我拒绝为此而自责，我也不允许任何人这样做。"

我还记得我的好朋友杰里米·莫里斯对我说的话："失败不是最后的结局。"我在第一章中分享了他的故事。杰里米曾经犯了一些非常严重的错误，他有很多次觉得自己彻底失败了。他告诉我，他意识到"在我们的社会中，不知怎的，我们总是劝自己服输，确定失败是最终的结局。我们害怕犯错，一旦犯错，就感到非常羞愧，再也不想尝试。但实际上，失败并不是最后的结局。你总是可以回到新的轨道上"。在杰里米的故事中，还有在我自己的故事中，这一点已经被反复验证过了。如果我们听从自己的内心，并且有信心不断前进，生活会变得多么美好，我至今仍然对此感到惊叹不已。

观察，行动，反思

那天下午我一直在农场和茜茜·莫肯的"领导群"一起工作。在缰绳实验之后，我们进行了一项练习，目标是让一匹未被拴住的马"加入"，跟随一个走在圆形围栏里的人。同样，高管们必须一个一个地进去。他们得到了一面旗子来驾驭马匹，但没有绳子来迫使马跟随自己。他们会怎么引导马呢？

我看到一些人试图与马交朋友并哄骗它，而另一些人试图推动和控制它，真是令人着迷。这两种方法都不管用。最后，他们学会了先赶着马动起来，建立起尊重关系，让马努力工作。然后，一旦马把头转向他们，他们就需要迅速释放压力以奖励它做出了这个动作。尊重最细微的改变和最微小的努力。他们弄清楚了哪些肢体语言对马来说是具有威胁性的，哪些是具有安慰性和诱惑性的。茜茜后来和我分享说，许多人在这项练习中都有了顿悟的时刻，意识到他们领导团队的方式和他们试图引导马匹的方式非常相似。试图成为所有人的朋友是行不通的，只对人们发号施令也是不起作用的。

在练习的大部分时间里，我都保持沉默，没有提供指导，我只是待在围栏里以确保没有人受伤。人们需要失败的自由，而不是所谓的专家来介入和接管。当你知道如何做某件事时，微观管理总是很诱人。当你看到某人在苦苦挣扎时，你就会介入并接管任务。有时我们这样做是出于好意，我们想防止对方失败或陷入尴尬。或许我们只是想阻止对方造成破坏。但是，当一个领导者这样做的时候，传递出的信息是：领导者不信任自己的下属，失败是不可接受的。反过来，当人们确实犯了错误时，他们会对自己很苛刻。明智的领导者必须对这一点很敏感。你必须权衡潜在的损失和可能获得的利益。

我们曾经有一个很棒的农场帮手，名叫基思，但他刚来的时候笨手笨脚，犯了很多错误。你站在地上干活儿是一回事，你开着挖土机干活儿就完全是另一回事了。我记得当我听到他在谷仓里把一些东西撞到马厩里时，我恨不得跑过去接管他的工作，或者至少站在那里，让他知道我在看着他。

但我很快意识到，我这样监督他会让他更紧张、更容易出错。所以我就躲在外面，让他自己琢磨。很快，砰砰声停止了，基思的信心大增。基思继续为我们工作了 9 年多，成为我们拥有过的高效、忠诚的员工之一。

如果我们害怕失败是因为我们从经验中知道，当我们失败时，我们的老板就会找人取代我们，那么，我们迟早会停止尝试。一旦停止努力，我们就停止了学习和成长。正如我们合作过的另一位伟大的领导者，博特巴恩公司（Boot Barn）的CEO吉姆·康罗伊（Jim Conroy）所说："如果CEO大喊大叫，职员们就会僵住。请给他们一个安全的空间，让他们想明白。如果你对他们虎视眈眈，他们就再也不会冒险，而你必须永远对他们进行微观管理。"[一]

茜茜为她的团队设计了这个程序，她想了很多。茜茜希望队员们自己去尝试，在失败后再尝试，并反思自己所学到的东西。在我们忙碌的生活中，我们常常没有停下来思考我们正在遭遇的教训。当我们犯了错误或跌倒时，我们最关心的是重新站起来，迅速掸去身上的灰尘，希望没有人注意到。如果我们花点时间坐在泥地里想一想我们是怎么走到这一步的，我们可能会学到更多。学习可以化失败为成功。

为了鼓励思考和学习，茜茜的团队得到了一些皮面笔记本，我们让他们用烙铁在笔记本上烙上烙印。他们每天都有时间思考和写作，也可以在一天结束时聚在篝火旁分享和讨论。当时的设计副总裁詹姆斯·赫尔姆斯（James Helms）说，这种设计本身就是一个强有力的教训。"观察、行动、

[一] 珍妮·萨哈迪（Jeanne Sahadi），《管理人员能从马身上学到什么》，CNN财经频道，2019年8月8日。

反思,"他说,"如果你不知道自己在做什么,那就看别人怎么做,接下来自己也试试。然后,有意识地捕捉你所学到的东西。"

几个月后,我问茜茜,她的团队从那天的练习中得到了什么,她总结为两个词:谦逊和信任。她说:"一开始,当你进入圆形围栏时,所有人都在看着你,这让你很害怕。你懂的,那匹马可能会愚弄你。这可能会适得其反,让你难堪。"但是,当他们看到队友们没有嘲笑自己时,这完全改变了游戏规则。"你最终看到的是,你的队友实际上在鼓励你,他们尊重你上场的事实。"这在他们之间建立了一种新的信任关系。"他们认识到,展现自己的真实身份是可以的,同事们会支持自己的。"这种感觉已经切换回了办公室。"如果他们感到脆弱——因为他们即将推出一款新产品,或者他们说过要交付一些东西,但现在意识到自己做不到,那么,他们知道自己可以寻求帮助。"

我很惊讶这些高管们从这些简单的练习中收获颇丰。他们给我上了一堂意想不到的课。事实上,我觉得我从他们的反思中学到了东西。

赫尔姆斯记得,在这样一个陌生的环境中,团队是如何产生平衡效应的。说到马,没人是专家。"可以说,我们当中有很多城里人。这让人感觉不爽,这种不适感让我真正理解了这个概念。要想让自己处于学习的位置,没有比

'让自己感觉很不爽'更好的方法了。很少有什么地方比站在一个1000磅（1磅=0.4536千克）重的动物旁边或坐在它上面更让你感到脆弱的了。我们貌似已经得到批准，可以尽情地释放糟糕的情绪。"

他还反思道，对于那些更擅长处理可预测的、可控的数字和电子表格，而不是不可预测的、不受约束的动物的人来说，这种经验是多么宝贵。"他们可以做数学计算，"他说，"但当你的员工习惯于看电子表格时，他们需要以不同的方式思考，以便管理一个团队。"和马一起工作，让他们学会了专注于建立人际关系和激发正能量。

茜茜后来告诉我，有一位女队员对这次经历感到深受鼓舞，她决定换工作，从技术职位转到业务开发职位，这是她以前从未从事过的一个领域。她在农场度过了恐惧的一天，但结束的时候，她感到自信和精力充沛。她对茜茜说："这让我知道，有些事情我以前认为自己做不到，但现在我可以做到。"

另一名男队员，也就是当时的副总裁兼首席客户服务官拉杰尼什·古普塔（Rajneesh Gupta），被马从人身上感受到的东西所打动。"人类很擅长隐藏自己的反馈。但对动物来说，你可以通过马的反应立即得到反馈。马知道什么是安全空间。在组织中也是如此，你可以尝试假装做某些事情，但你的组员知道你什么时候真的在乎他们。这教会了我做一个真诚且诚实的人,这样才会让我强大。领导力不是强迫别人做你想让他们做的事,而是要给予空间和保持谦逊,这样别人才会甘愿被你领导。"

在茜茜团队的最后一次训练中,我们让所有的高管都骑到马背上。他们已经在围栏里骑马有一段时间了,学习了与马沟通、指挥马匹起跑和停下的基本技能。现在我骑上老马斑叔,走过去,打开了门。"我们去赶牛吧。"我指着开阔的农场说。他们看起来很惊讶,对离开安全的围栏有点担心。但是,当他们拉起缰绳跟在我后面时,大多数时候,他们似乎更愿意接受新的挑战。毫无疑问,他们也愿意在这一过程中汲取新的教训。

待在舒适区,不会有所成长

根据我的经验,一些最伟大的教训来自不适感。我听说在舒适区几乎没有成长,在成长区也几乎没有舒适,我相信这是真的。我们可能不喜欢当时的情况,如果有另一种选择,我们可能不会总是选择那样的情况,但当我们回顾过去,我们可以看到自己从中学到了多少东西。这是人生的悖论之一。有时候,当你回首一个错误或一次失败时,你会希望你当时做了一些不一样的事情。对于我犯过的错误，我愿意付出一切去挽回。但与此同时，我很感激学习。从我的一些最悲惨的错误中，我吸取了永远不会忘记或后悔的教训。

别害怕，动动你的脚。这似乎是一个简单的想法，但是，当我们正感到害怕、羞愧或尴尬时，很容易忘记去移动脚步。如果你不动脚，也许你不太可能犯错误，但你也不会去任何地方，也不会学到任何东西。

我试着把这个教训分享给马，也分享给我和简的孩子们。简的大儿子卢克发现，接受风险、错误和失败的观念改变了他的生活。"当你在生活中遇到困难时，"他说，"你会觉得最好的策略就是明哲保身，不要冒再次受伤的风险。但这也会导致你停止成长、停止冒险、停止发展，所以你也会错过很多好东西。"

卢克早年经历过很多艰难时刻。他经历了两次离婚，多次搬家，以及一场毁灭性的房屋火灾——家里所有的东西都被烧毁了，他对这类糟糕经历已经习以为常了。当我出现在他面前时，这个年轻人颇有戒心，不太愿意相信另一个父亲的形象，这并不奇怪。正如他所说："在经历了那么多的不顺之后，我只想要安全。另外，我觉得我是母亲和弟弟唯一的安全网。我没有机会犯错误。"

然而，随着时间的推移，卢克又开始相信机会并冒险尝试了。他说，这在很大程度上是因为自己看到了马是如何学会不断移动脚步和解决事情的。"我开始允许自己接触风险范围内的东西,去尝试那些似乎超出我能力范围的东西。我告诉自己,'如果没有成功,你可以让接受失败或挫折成为成长的一部分。'"

正是这种态度让卢克从怀俄明州一路走到哈佛,他是杰克逊霍尔高中第一个被录取的毕业生,而且还获得了不错的奖学金。他在华尔街一些最负盛名的金融公司建立了自己的职业生涯,并不断追求新的创业项目。

"我只是不停地移动脚步,走出我的舒适区,然后有一天我回头看,我惊讶于我走了那么远,"他回忆道,"如果你让恐惧束缚住自己,恐惧就成了你的一种习惯。当你愿意冒险的时候,冒险也会成为一种习惯。我不知道事情会不会变得简单,因为生活中总有一些事情会让你害怕。但对我来说,这是个好兆头。如果生活一点都不可怕,也许你只是没有抓住足够多的机会。就像古老的牛仔格言,'如果你还没有从马上摔下来过,那说明你骑得还不够猛。'"

新农场,新挑战

当茜茜·莫肯和她的团队离开农场时,她并不知道地球上有什么样的"新农场"在等着她。但一年多以后,她发现自己在一家新公司担任了全新的角色，面临着前所未有的挑战和变革。2020年年初，她离开了财捷集团，加入了Headspace公司，这是一家拥有数百万用户的正念冥想APP开发公司，其重大使命是：改善世界上所有人的健康和幸福。就在她正式就任首席运营官的几周前，随着新冠疫情的暴发，世界人民的健康和幸福发生了变化。在新职位所需要的学习曲线顶端，她发现自己面临着完全意想不到的挑战，比如，如何在虚拟环境中领导新团队；如何在这异常艰难的一年为远程工作的团队成员提供支持；如何使用该公司的技术帮助人们和社区抵御新冠疫情对心理健康的影响。此外，由于对社会公正的担忧在美国各地的工作场所日益凸显，她和许多领导者一样，陷入了令人不安但却至关重要的对话中。她在农场学到的教训是：别害怕，动动你的脚；如果你害怕犯错，你永远也学不会新东西；失败只是意味着你知道如何避免犯错，这赋予了失败更深层的意义。

"在关于社会正义的谈话中，"她说，"我不得不接受倾听别人的经历并承认'我不知道这一切'的脆弱性。我不得不站在一个组织面前说'我需要做得更好'。我知道我不会总能找到合适的词语，我会犯错，但我想学习。"这种脆弱性也加深了她对公司使命的认识，她热衷于为人们创造空间，让他们在工作场所谈论有关心理健康的敏感问题，即承认自己挣扎、不堪重负或需要更多空间，并支持对方努力做得更好，就像她在农场的队员们在不熟悉的驯马业务中相互支持一样。

茜茜在加入 Headspace 公司仅仅六个月后，就被提升为 CEO。只要条件允许，她计划带她的新团队到农场来学习一天，经历失败，学习更多的东西。"和马一起工作可以达到很好的平衡，"她说，"在任何团队中，你都有不同的优势和能力、天赋和阴影。在商业环境中，有时某些人会表现得非常突出，他们口齿伶俐、性格外向。其他人则可能会因为性格内向而黯然失色。但在农场，这是一个全新的竞争环境，因为每个人都在学习新的东西，他们以不同的方式欣赏彼此。每个人都在学习如何做公仆型领导者。每个人都在学习谦逊。每个人都必须先赢得马的尊重，然后马才会为他们做点什么。"

我也很期待她的到来。当然，像茜茜这样的领导者来找我学习的同时，我从他们身上也学到了同样多的东西。这就是这份工作和这种生活的美妙之处：我们都在转变，在一起学习。

照片由格兰特·古利赫提供。

Chapter Eleven

第十一章

每匹马都需要目标

人们真正需要的不是不紧张的状态,而是为值得自己追求的目标而努力的斗志。人们需要的不是不惜任何代价释放压力,而是某个有待他去完成的潜在意义的召唤。

——维克多·弗兰克尔(Viktor E. Frankl)
《活出生命的意义》(*Man's Search for Meaning*)

像马一样思考

第十一章　每匹马都需要目标

未见野马，先闻马声。我看见它们在小畜栏的高高的栅栏上相互推搡着、碰撞着。寒冷的空气中弥漫着汗水和恐惧的气味。在一月的一个漆黑的日子里，气温低于零下30摄氏度，有那么一瞬间，我不知道是什么驱使我在隆冬时节开车去蒙大拿州驯服一群野马。但在下一刻，我想起了我为什么在那里，所有的疑惑都消失了。我顶着寒风把帽子往下拉了一点，穿过院子，迫不及待地想见见马的主人。

迈卡·芬克（Micah Fink）比我高得多，他蓄着胡子，纹着文身，裹得严严实实以抵御寒冷。他握手有力，笑容温暖。作为一名海豹突击队前队员，迈卡是非营利组织"英雄与马"的创始人。自2013年以来，他们一直在提供一个独特的项目，让退伍军人骑在马背上进入荒野，教授他们生存技能，帮助他们重新建立一种使命感。在启动这个项目几年后，迈卡意识到，如果他要为越来越多的申请者服务，就需要更多的马。他买不起温顺、训练有素的坐骑。于是，他想出了一个好主意。他知道有成千上万的野马就在土地管理局的收容设施里，这是联邦政府不知道如何解决的问题。迈卡在这些马的困境和许多老兵的困境中看到了相似之处。在我们的世界里，两者都缺乏使命感和地位感。他们都很坚强、勇敢、坚韧，但都很痛苦。为什么不收养一些野马来和老兵们一起参加这个项目呢？

他的计划是：他可以像帮助老兵一样训练野马穿越"荒野"。他的憧憬是：带领野马穿越新墨西哥州和亚利桑那州的荒野，进行500英里（1英里=1.6093千米）的旅程，并将整个过程拍成一部纪录片，这样更多的人就可以了解他所说的"漫无目的的马和漫无目的的人的故事"。然而，在他出发之前，野马需要变得足够温和，才能承载一个骑手或一个背包。这就是我的作用。2017年1月，我和另外两名教练来到蒙大拿州，帮助迈卡及其团队为他们史诗般的旅程做准备。

每个训练师都与"英雄与马"组合的一名成员合作。我被分配给迈卡。我们一起去畜栏挑选他要训练和骑的马。十几匹野马挤在对面的栅栏上，互相撞击着，还撞到了金属板上，它们拼命地想要远离我们，越远越好。它们是一群顽强的家伙，长着粗糙的皮毛，身上有战斗留下的伤疤，精神却坚韧不拔。这些马一生中的大部分时间都在内华达州的沙漠中奔跑，直到最近几个月被圈养在俄勒冈州的一个收容所里。迈卡选择的是 2~4 岁的小马驹，它们已经足够成熟，可以带上一个骑手，但还没有老到无法训练的程度。

我指了指马群中最大的那匹马，同时打量着我这位新朋友身高 1.9 米、肌肉发达的身躯。我们看重了一匹结实粗壮的栗色马，亚麻色的鬃毛和尾巴纠缠在一起，脸上有一条弯曲的白色条纹。

"这家伙看起来非常合适。它的骨头可以支撑你的体重。"迈卡点了点头，表示愿意按照我的建议去做。他轻松的态度使我吃惊。这个人曾率领军队参加战斗。他蔑视死亡，尝试过我无法想象的任务。他给我的印象是一个非常坚定的人，但他似乎很谦逊，渴望学习。我期待着和他一起工作，并了解他的故事。

压力可以解锁目标

迈卡有一个很不寻常的故事要讲，这个故事从一个不寻常的地方开始：在纽约皇后区的一根电线杆上。他和一个朋友开了一家安装高速互联网电缆的公司，这就是为什么9月的一个早晨,他在离地面20英尺(1英尺=0.3048米)的高空眺望市中心的天际线时,看到了一团巨大的烟雾。迈卡和他的搭档滑下那根杆子,跳进车里,直奔浓烟而去。他们把车停在离市中心1英里(1英里=1.6093千米)的地方,然后开始跑。满身灰尘的人群从他们身边跑过,朝另一个方向走去。两个人一边挣扎着呼吸,一边扯下衬衫袖子,做了一个临时防尘面罩,开始在纽约世界贸易中心的废墟上爬来爬去,寻找幸存者。迈卡那天看到的恐怖景象令他永生难忘。当7号塔倒塌时,他险些被埋在废墟中。

最后,当2001年9月12日太阳升起的时候,两个年轻人摇摇晃晃地离开了世贸中心的废墟,来到了哈德逊河边。他们发现了一辆翻过来的百吉饼车,在车内搜刮了一些早餐。迈卡的朋友转身问他:"我们该怎么办呢?"

"在那一刻,我必须做出选择,"迈卡说,"我要么接受,要么不接受……我没什么特别的,只是一个来自纽约北部小镇的男孩,曾在一个斯卡乐队打鼓,靠爬电线杆谋生。但那天早上,我决定做点不一样的事。"[一]他坐在那里,满身灰尘,被刚刚目睹的事情所震撼,他做出了一个改变

[一] 迈卡·芬克,《你的超能力》(*The Superpower in You*),摘自 TEDxBozeman。

第十一章 每匹马都需要目标

人生的决定:他要参军。当时他才 21 岁。他完成了艰苦的训练,成为一名海豹突击队队员,后来成为一名准军事国防合约商。总而言之,在接下来的 4 年里,他将服役 13 次,在战区待 1100 多天。他曾跳出飞机,驾驶潜艇,无数次冒着生命危险执行任务。但他说,他面临的最大挑战是回家。

像许多退伍军人一样,他感到失落。"当我被派遣去前线的时候,我只想回家,但是,当我在家的时候,我又想回到前线阵地。"他有一个很好的家庭生活,但战斗改变了他,不可挽回,他不知道自己该如何适应。这种脱节太极端了。他说:"前一天我还是特种作战部队的尖兵,第二天我就在天然食品超市(Whole Foods Market)吃着切达干酪小兔子饼干和生菜。我无法沟通,它让你感到孤立和孤独。"㊀

和许多退伍军人一样,迈卡被诊断患有创伤后应激障碍。但他的直觉告诉他,不要吃退伍军人医院一个穿白大褂的研究生给他开的药。相反,他开始寻求挑战,比如,在亚马孙河上乘独木舟航行 6 周。在丛林里,只有一个不会说英语的向导陪伴着迈卡,他觉得自己又恢复了正常。他没有时间去想任何事情,只关心当下的生存问题。就在

㊀ 迈卡·芬克,《你的超能力》。

那时,他开始意识到压力和强度的价值。在压力下,我们知道我们是谁。正如他所说,压力"剥去一层又一层,让我们回到做人的初心,以及做自己的初衷"。

回到家,迈卡开始了解退伍军人社区的情况。他的发现令他震惊——无家可归、失业和自杀率等数据都高得惊人。他说:"这些曾经伟大的勇士现在正在失去自我,躲在家里等待邮箱里收到下一张支票。"⊖数以万计的组织为退伍军人提供支持,数十亿美元被投入相关项目。但问题似乎越来越严重。"我们已经达到了这样一种地步——我们是在帮助人们走向死亡,而不是教人们如何自救。"2013年,他不想陷入他所说的"成瘾循环",于是他收拾好自己的一切,和家人搬到了蒙大拿州。

在一次荒野背包旅行中,迈卡遇到了一群牛仔,并被他们的生活方式所吸引。他们把他介绍给了马,尽管他被"踢、摔、拖、踩",但他还是迷醉其中了。"正是通过这些障碍,我开始重新拥有自己的生活,这些马变成了一面镜子,让我的灵魂得到了反思,原来我生活中的问题源于我没有拥抱奋斗。当我开始掌握自己的选择时,事情就变得容易了。"⊜

⊖ 迈卡·芬克,《你的超能力》。
⊜ 迈卡·芬克,《你的超能力》。

正是在这些经历中，"英雄与马"这一组织诞生了。"有时候，你能找到自己的方式的唯一途径就是帮助别人找到他们自己的方式。"迈卡说道。他认识到，马可以成为帮助退伍军人重新建立自我联系和重新发现使命感的有力工具。事实上，他开玩笑说，当人们问他"英雄与马"旗下有多少个治疗师时，他的答案是 62 个，因为这就是他拥有的马匹数量。为什么他的员工是马不是人呢？正如我在本书开篇分享的那样，马从不说谎。迈卡这样解释道："马进化到能够凭直觉感知掠食者的意图，而且它们可以在很远的地方感知到。所以，当一个人和一匹马一起工作时，马会感觉到人的真实意图（即便从外表上看不出来），并产生反对行为。这样，马就成了真理的反映。这种诚实的关系有助于打破我们对自己说的所有谎言、社会结构和编程，构成我们身份的各个层面。例如，一个家伙可能加入我们的项目，坚持说一切都很好，但他的内心是愤怒、暴力和害怕。马感觉到了，并做出了相应的反应。然后那家伙可能会生气，责怪马。但这不是马的问题，而是他的问题。"

对迈卡来说，这就是为什么这么多退伍军人都在苦苦挣扎的核心原因。"我总是告诉人们，'你不是这种生活的受害者。你正在经历的是你自己创造的产物。马证明了这一点'。当一个人停止推卸责任，开始审视自己，看到自己真正对马产生的直接影响时,他们就可以开始从根本上改变。这个教训变得更加有力,因为它不是用语言说出来的。因此,马是帮助个人转变的工具,能够帮助个体从总是责备和从外部寻找答案转变为意识到他们所寻找的东西已经存在于他们的内心。当你开始从内心寻找答案,而不是依赖外部时,你就会找到一个真正真实的目标,这就是让你克服外部环境的方法。"

这个为期41天的"英雄与马"项目包括密集的技能训练、冥想、天然食物饮食计划、500英里(1英里=1.6093千米)的野外徒步旅行,以及让参与者把他们所学到的东西运用到现实生活中的实习工作。该项目被设计成了具有挑战性的、原始的和高压力的活动,因为迈卡知道,对他帮助最大的是那些艰难的日子。正是这种奋斗使他重新有了目标感。他认为,太多针对退伍军人的项目旨在消除所有的内心挣扎和痛苦,或者只是用假期和体验来让他们欢乐。他表示:"在经历了一段非常紧张的特种作战生涯后,我最不想做的就是坐着独木舟四处漂流,或者去看超级碗比赛。奋斗才能赋予事物一定的价值。"

自2013年以来,这个项目被证明是如此具有变革性的,以至于许多毕业生年复一年地回来做志愿者。申请报告继续如潮水般涌入。这家非营利组织最近在蒙大拿州购买了一个3500英亩(1英亩=4046.85平方千米)的农场,打算全年提供多种项目，并将项目适配人群扩大到急救人员。迈卡和他的团队每天的动力来自他们知道的一个事实：每62分钟就有一名老兵自杀，但他们不一定非要这样。

"战争不是问题，"迈卡说，"战斗不会让你生病，也不会给你带来疾病。是的，这是一个创伤性的经历，它会改变你，就像任何生活经历一样。但真正的问题在于人们从那段经历中回家后所遇到的困境。他们被设计成了某种特定的存在，否则，一个从未打过架的孩子怎么会变成一个准备杀死陌生人的斗士呢？然后他们回到家，却在我们的世界里没有立足之地。他们需要避开客观限制。这就是我们'英雄与马'项目的宗旨。"

目标不是目的地，而是旅程本身

我很荣幸被邀请去帮助迈卡为他们500英里（1英里=1.6093千米）的长途跋涉准备野马。我相信每匹马都需要一个目标，每个人也一样。我们需要一个起床的理由。我们能为马或人做的伟大的事情之一就是帮助他们找到生活目标，即他们的使命。我把"英雄与马"项目看作是实现这一目标的机会。

有时我们需要一段时间来弄清楚我们的目标是什么，

有时我们的目标在人生的不同阶段表现出不同的形式。我们可能会花数年时间去追求我们认为自己想要的东西，却发现它并不令人满意，只会让我们失望。我曾经认为我的目标是成为一个伟大的马球运动员。那时我每天都在练习，完善我的节奏控制能力、上下动作和马术技巧。我变得越来越好。最终，我获得了成功，赢得了许多著名的比赛，包括国家总统杯。我喜欢那个赛季的每一分钟。但随着时间的推移，我开始意识到，打马球，甚至成为一个伟大的骑手，并不是我在这里真正要做的事情。事实是，无论你取得了什么成就，你都不可能永远保持下去。总有一个年轻人在你身后紧追不舍。通常，当你达到那些你以为会让你快乐的里程碑时，却发现这场旅程虎头蛇尾、令人扫兴。

像迈卡一样，我在为他人服务中找到了自己的真正目标。这就是奖励和满足感真正持久的地方。我觉得我所做的工作，即用马来展示这种生活哲学和领导力，就是我的使命。这就是我来到这个世界上的目的。马的存在并不是为了让我看起来更好，我的工作是帮助它们成为最好的自己，过上美好的生活。正如我逐渐理解的那样，人生的目的并不是终极目标，如一个奖杯、一个银行账户里的数字、一个头衔。这是一个人每天的生活方式。

当我看到我们的边境牧羊犬格雷西时，我就会这样想——它活着就是为了工作，工作就是为了生活，它在工作的时候是最快乐的。很多人花了一生的时间去追寻他们想要的东西,但在此期间他们并不满足。我一直羡慕牛仔的一点是,即使他们只拥有一匹马和几头牛,也会享受当下的旅程,过着精神富足的生活。

迈卡和其他队员只有几个月的时间来准备他们的野马,为他们史诗般的旅程做准备。第一天早上,天还没亮我们就起床了,我们穿得尽可能暖和,然后向畜栏走去。迈卡和我成功地把那匹栗色大马从马群中分离出来,把它关进一个有着高高的栏栅的圆形围栏里。它没有名字,所以一开始我们只是用它的编号399来称呼它。然后迈卡在参考了我对它的大骨头的评论后,决定给它取名为"火腿哥"汉伯恩。在这个大型室内竞技场的其他地方,其他人也开始训练各自的马,每个驯马师都有自己的方法。我让迈卡爬上了篱笆。我们的目标是让马和他建立联系,所以我会让自己成为压力的来源,看看马是否会选择迈卡作为它的安全港湾。

我以前和野马合作过,所以我知道它们的首要问题是恐惧。这些马不习惯任何形式的束缚或触摸,更不用说套上绳子和马鞍了。它们没有在人类的环境长大,也没有见过其他马对人类表现出信任。在它们的心目中,我们是掠食者,它们遭遇的围捕和经历的关押设施体验可能正好证实了这一点。它们的生存本能处于高度戒备状态，如果你把它们逼到角落，它们很可能会试图跳出围栏，所以才有了高高的围栏。马天生就有幽闭恐惧症，不喜欢被困在狭小的空间里。它们必须学会逐渐接受这个事实，我们不可以动用武力，否则它们往往会受到伤害。我相信自由对所有的马都很重要，对野马来说更重要。你必须给它们足够的空间来移动脚步，如果它们在需要时候还可以逃跑。

　　你可能听说过"战斗－逃跑－僵住"模式。如果让马选择，它会选择逃跑。这对马来说很有效，这就是它们从剑齿虎口中幸存下来的原因。作为人类，我们需要让这种逃跑的本能发挥出来。几个世纪以来，在人类与马的关系中，我们没有很好地做到这一点。当马被逼入绝境时，它们别无选择，要么为生存而战，要么因恐惧而僵住。

　　我不想让我的马做这两件事。我不想让它们和我战斗，也不想让它们因为恐惧而瘫痪。让马知道我们不是掠食者是非常重要的，我们只是扮演统治者的角色。

　　你不能强迫马面对它的恐惧。老牛仔们曾经尝试过一个让马"上床睡觉"的过程。他们会用绳子套住马的脖子，用一种叫作"苏格兰跛车"的滑轮把马的后腿抬起来，迫使马用三条腿站立着睡觉。然后，他们把马紧紧地绑在畜栏中央的一根"系缆柱"上，反复将一块防水布或毯子扔在马的身上和腿上。这样做的目的是让马克服对触碰的恐惧。虽然没伤到它,但给它造成了心理创伤。这样的捆绑并不能教会马面对或克服恐惧,只能教会它们僵住不动,就像被猎动物在被掠食者吞食时会陷入震惊的状态一样。

经过这种训练的马似乎已经习惯了可怕的事情,但实际上,恐惧已经深深地埋藏在它的内心深处。根据我的经验,这种恐惧总是会在以后的日子里回来困扰你。这匹马永远不会真正值得信赖。我想让马知道,当它害怕的时候,它可以自由地离开,我鼓励它逃跑,让它知道总有一条逃生路线在等它。我希望它能直面自己的恐惧,但它可以选择自己的方式。

那时,迈卡已经和马打交道好几年了,但他对野马没有任何经验。他从他在山里遇到的硬汉那里学会了老牛仔的驯马方法,他形容这个过程"简直就是一场噩梦"。我看得出来,他急于学习一种新方法。我再次被他愿意谦卑地听从我的领导所打动。我认为,当某人能意识到有人比自己懂得多时,他不会太骄傲,而是肯向他人学习,这就是一个伟大领导者的标志。"如果你学会了骑马的哲学,"我建议他,"剩下的就是掌握技巧,让它适合你的个性。"

我挥舞着我的旗子,开始赶着受惊的马绕着围栏转。当马靠近那个高高地站在它上方栅栏上的大个子时,它侧身一跳,结果发现自己离飘扬的旗帜更近了。它转过身,朝另一个方向走去。当它再次接近迈卡时,我降下旗子,释放压力。当它转向我时,我会加大压力。

"我想让它意识到,和你在一起其实很舒服,那里没有压力。"我解释道,这时马放慢了速度,经过了迈卡坐的栅栏。"当它走近你时,我们会减轻压力;当它离开你时,我们会增加压力。最后,我们想让它觉得整个世界都不如跟你在一起轻松,它会在这里找到安宁。"如果迈卡的计划成功了,也许这匹马也会找到它的目的。在旅途中,穿越高山和沙漠,载着缺乏经验的男男女女,他们或许还在与内心的恶魔做斗争,它会遇到各种各样的压力。我的工作就是教它接受这一点,并在日后与人类的关系中找到安全感。

有些马就是为某些特定的工作而生的,精神上和身体上都是这样。我曾经想用马做一项工作,但我很清楚,它们实际上适合做另一项工作。这些年来,我想我已经学会了更好地倾听它们。这些野马显然适合"帮助退伍军人找回自我"这一艰巨而富有挑战性的任务。我希望迈卡对这个项目的直觉是正确的。

这匹栗色野马充满了恐惧,但它也很勇敢和聪明。我可以看到它开始思考自己所处的情况,而不只是被动地做出反应。它发现和迈卡在一起是更好的选择。它正在努力面对自己的恐惧。如果它能做到,它会成为士兵专用的好马。这匹马将帮助老兵们更多地了解他们未来角色中的恐惧。他们会接受训练,面对恐惧时采取行动,相信他们的指挥官,即使他们所有的本能都在煽动他们逃跑,他们也会冲向敌人的火力。现在,这些老兵正处于一种不同的战斗中。他们的恐惧是内在的,更难以面对。但是,有了这匹好马的帮助,也许他们可以在荒野中鼓起一种不一样的勇气。

那匹野马放慢了速度,慢悠悠地走着,然后悄悄来到迈卡坐的栅栏下面。

"不要动,"我叮嘱道,"让马来找你。"

慢慢地,"火腿哥"汉伯恩抬起头,试探性地嗅了嗅迈卡的靴子。

"现在放下你的手,"我说,"但不要试图碰它。记住,对它来说,你的手就是爪子。重要的是让它先触摸你。"迈卡小心翼翼地向前倾,马轻轻碰了碰他戴着皮手套的手。

过了一段时间,当马舒服地站在围栏旁的迈卡身边时,我鼓励他小心地跳下来,和我一起进入马场。当那匹马感到那个男人的靴子在地上发出"砰"的一声时,它一开始吓了一跳,我把它赶走了,但它很快又回来了。我鼓励迈卡蹲下。他蹲在野马面前的泥土里,野马低下头,对着他的脸长叹了一声。

"想要吓倒我,还得费好大劲呢。"他后来告诉我。

"这可能是很长一段时间以来我让自己变得最脆弱的时刻。"那时候,他还没退伍多久。用他自己的话说,他仍然"处于一种掠食者的心态",时刻准备着战斗。和那匹马相处所需要的温柔,对他来说是陌生的。他意识到,他在生活中的其他关系中也缺少这种温柔。

后来,我们觉得汉伯恩那天做得够多了,就去看看其他的马做得怎么样。一位驯马师在一群马中挑出了最好看的一匹,这是一匹健壮的大马,显然比其他的马拥有更好的繁殖条件。那位驯马师叫人用绳子套住了马,但它仍在奋力搏斗。其他的驯马师都围过来看热闹。

"你给自己找了个难题,"我说,"训练这匹马要花很多时间。"

"好吧,那么,"其中一个驯马师说,"我们应该叫它骏马劳力士!"

这个名字挺适合它。骏马劳力士继续在绳子的尽头搏斗,夹住它的耳朵,拒绝移动。它蓬松散乱的皮毛被汗水染黑了,它的眼睛因愤怒而呆滞。关于那匹马,我有自己的想法,但不想干涉,所以我和迈卡继续干各自的工作。后来,我看到那帮人放弃了骏马劳力士,转向了更容易的目标。我问迈卡,我能不能再给它一次机会。在圆形围栏里和它一起工作了一段时间后,我终于让它放松下来,不再打架了。最后我给它套上马鞍,骑在它的背上。它仍然需要很多时间,我不确定它是否能在春天到来之前准备好,也不确定它什么时候可以出门旅行。但如果我们能让骏马劳力士走上正轨,它可能就会像它的名字所暗示的那样有价值。

我回家了,留下迈卡和他的团队继续训练。几个星期过去了,迈卡开始骑"火腿哥"汉伯恩,让它承受各种压力——沉重的背包、飘动的防水布、用绳子拖在身后的原木。他经常提醒自己遵守我教给他的"3C法则":冷静(Calm)、自信(Confident)、坚持(Consistent)。包括劳力士在内的其他野马也学会了类似的技能,有些是马配合人训练骑行,有些是马自己训练背包袱。当我回来的时候,也就是这个团队出发的前几天,它们已经不是我第一次在畜栏里看到的那群惊恐万分的野生动物了。

2017年4月,迈卡和其他几个人,包括该项目的几名研究生,骑着13匹已被驯服的青春期野马,开始了他们的旅程。他们邀请我一起去,但我不能让简独自管理农场一个月,而自己在荒野中疯玩。在那个月里,当春天慢慢回到怀俄明州,我开始为夏季做准备时,我常常想起新墨西哥州某处小道上的那些人和马。后来,我又听说他们如何在暴风雪中越过1万英尺(1英尺=0.3048米)高的大陆分水岭,在沙漠中艰难跋涉,他们不止一次地迷路,还和一辆山地车相撞，一匹马和骑着它的人一头栽进了一些有非常多刺的仙人掌上。我还听到了骏马劳力士在陡峭的山坡上滑倒，然后摔个狗啃泥并从山上滚下来的悲惨故事，这是记者兼资深人士艾略特·伍兹（Elliott Woods）说的，他也是这个团队的成员之一。

"它仰面躺着，脖子被一大块枯木压住，它的蹄子朝天。"伍兹㊀回忆道。一想到那匹骁勇善战的千里马处于如此危险的境地，我就不寒而栗。令人惊讶的是，劳力士一直保持冷静和信任，而那些人用绳子套住它，拖着它，推着它，除了几处擦伤和一只肿胀的眼睛，没有任何迹象表明这可能是一场灾难性的事故。在压力之下，那匹马确实证明了自己的价值，那群马都是这样。迈卡后来形容那次旅程，以及之前的几个月，说那是他做过的最艰难的事情。一个曾经是海豹突击队队员的人能这样说，真是难能可贵。他还说，无论是作为人还是骑手，他都学到了一些人生中宝贵的经验。

30天后，旅行者们到达了目的地，这些曾经的野马现

㊀ 艾略特·伍兹，《马力：野马如何帮助退伍军人回归平民生活》（*Horse Power: How Wild Mustangs Are Helping Veterans Return to Civilian Life*），摘自《男性杂志》（*Men's Journal*）

在成了可靠的伙伴,跟在他们后面,只有500英里(1英里=1.6093千米)之遥。伍兹形容他抵达亚利桑那州凤凰城附近的罗斯福湖就是一场虎头蛇尾的旅行,真是令人扫兴,我对此并不感到意外。毕竟,目的地从来都不是目标,旅程本身才是目标。

照片由卡莉·巴特勒提供。

Chapter Twelve

第十二章

展示你的另一面

谦逊不是贬低自己或否认自己的长处,而是诚实地面对自己的弱点。

——华理克(Rick Warren)

像马一样思考

第十二章 展示你的另一面

"不要让它只展现它好的一面。"我对站在圆形围栏上保持平衡的瘦削少年说。围栏里的马紧挨着他站着,让男孩挠它的脖子和耳朵周围,但只能挠左边。"真正赢得它的信任意味着它会向你展示双面,而不仅仅是它感到自信和安全的那一面。它需要向你展示它可能会受伤或害怕的那一面。"

在我们工作的 1 小时里,这匹年轻的种马已经在信任方面取得了巨大的飞跃。它大概 1 岁大,从未被人用手碰过。我在当地的一场拍卖会上发现了它,认为它值得再拥有一次机会。它是一匹漂亮的红沙栗毛马(结合了栗色和白色的毛,形成了一种引人注目的粉红色),所以我们给它取名为"小红马威格"。我决定用它来做一场演示,那天晚上我要为一个客户庆生。大约有 100 个客人聚集在围栏周围。我在和这个 1 岁大的胆小鬼打交道后,感觉它有一些基本的边界感。然后我招募了一位观众,是一个名叫卢卡斯的十几岁男孩,来帮助我教这匹马如何信任人类,如何适应被人类触摸的感觉。

我用我的旗子驱赶小红马威格,每次当它靠近围栏上的男孩时,我就释放压力。让正确的事变容易,让错误的事变难。尊重最微小的努力和最细微的改变。很快,这匹聪明的小公马就明白了,男孩代表着安全和休息,它向他靠拢,然后让他抚摸自己。但每次我想把小公马引向另一个方向,让它允许卢卡斯在右边挠它时,它就会转过头来。这表明它只愿意付出它的左半身,即"好的一面"。

大多数马有好的一面和坏的一面、强的一面和弱的一面。通常,这意味着它们的身上发生了一些不好的事情,即一些它们很难忘记的痛苦或可怕的事情。当马跨越州界时,它们需要进行血液测试,通常,野生的马或未被驯服的马会被赶进一个狭窄的滑槽,然后被限制到足以将针刺入颈静脉。对于像小红马威格这样的马来说,这可能是它第一次与人类接触,而针尖就在此时刺入了它的脖子。它不会忘记的。它可能已经习惯了人类摸它的左边,但仍然拒绝让人类靠近它的右边。针头的负面体验是一个触发点,让它的右边感觉更害怕。当你骑到它背上的时候,这就成问题了。你总是从左边上马,但你必须把你的腿转向右边。如果你那条腿出现时吓到它了,那你就死定了。

马的左右两侧如此不同,似乎很奇怪,但是,当你了解了马看待世界的方式,这就说得通了。它们的眼睛长在脸的左右两侧，不像我们的眼睛长在前面。人类，像猫、狗和其他食肉动物一样，有所谓的双目视觉。我们的双眼共同工作，创造了一个三维图像，就像一对双筒望远镜对焦。这有利于视线像激光一样精确地聚焦在你面前的事物上。如果你想打点野味做晚餐，这是一项重要的技能。

马和牛、鹿及其他被捕食的动物一样，眼睛长在脸的两侧。这给了它们更广阔的视野，这对躲避掠食者至关重要。除了几个狭窄的盲点外，它们的视野范围几乎可以达到360度。

马的两只眼睛独立工作，将不同的图像发送到大脑的不同部位（这就是所谓的单眼视觉）。这就是为什么有时候你在马的右边挥舞一面旗子，马会感到很舒服，但当你把旗子移到另一只手上时，它会大吃一惊，突然间，它的另一只眼睛看到了旗子。这就像一种全新的体验。它的一侧大脑已经看到了旗子，但另一侧没有，并把旗子视为一个新的威胁。与马一起工作时，重要的是左右两侧要均衡工作，特别是有的马对某一侧更敏感，如小红马威格。

尽管人类的身体构造不像马，但我认识的大多数人都有"好的"一面和"坏的"一面。我们想向世界展示自己"好的"那一面——自信的、把一切都想明白了的那一面；我们想要隐藏"坏的"那一面——我们曾受到伤害、害怕、羞耻或被当成傻瓜的那一面。我们不想让任何人看到或碰到自己"坏的"那一面。我们像小马一样在原地打转，确保只展示自己好的一面，避免出现可能会暴露我们"坏的"一面的情况。

我从身边的年轻人那里听说，在如今的社交媒体时代，这一点更加真切。每个人都晒出自己最好的一面，配上完美的灯光，分享他们生活中的亮点。但他们不会向生活中的人展示他们的挣扎和挫折。我想这是很自然的，我们都在某种程度上这样做。农场的 Instagram 账号上全是日落婚礼、动作镜头和在提顿山脉前吃草的漂亮马匹。我们不会上传我们必须医治的病牛的照片、需要修理的栅栏的照片、需要清理的垃圾的照片，或者阴雨天的照片。我想没人想看这些吧！但是，保持形象并掩盖自己的其他方面，可能是一项艰难的工作。如果你一生都在向世界隐藏自己的另一面，就会让你觉得没人能真正了解你。

对我们周围的人来说，这也是一项艰苦的工作。如果你有一匹马，它不愿意向你展示它的两面，你最终只能识趣地回避它的回避。你知道它的另一面的存在，但它不愿意表现出来，而你只能试图绕过它的那一面。我相信你也认识这样的人。你有没有遇到过这样的情况：大家都如履薄冰，每个人都蹑手蹑脚地绕过领导，试图弥补弱点或盲点。你是否曾经和一个拒绝承认错误的人共事过？即使别人一眼就能看出他的错误！你有没有试过帮助一个只向你展示自己好的一面的人？他假装一切都好，即使事实并非如此！

无论是在工作中，在家庭中，在婚姻中，还是在友谊中，这些关系都是困难的。当一个人没有向我们展示完整的自我时，我们往往会知道，但如果他们继续视而不见，我们就很难信任他们。我记得有一位 CEO 把他的整个团队都派到农场去参加一天的领导力培训，但他自己却没有亲临现场。演示结束后，不止一个人表示他们的老板没来，真是太糟糕了，老板才是最需要知道这个消息的人。

我甚至可以说，如果你只有一面，你就无法获得真正的关系。当我们听到那些失宠的领导者的故事时，往往会觉得他们自己的某些方面一直在躲避公众的视线，直到被戏剧性地揭露出来。当然，我并不是说我们都需要展示我们私生活的方方面面。但我们信任的领导者似乎是那些最能做自己的人，无论在公开场合还是在私下里，他们都是诚实的、谦逊的和透明的。

我记得，当我刚开诊所和做演示的时候，我感到巨大的压力，总是要表现得好像我知道自己在做什么，要让马发生戏剧性的变化。我曾经认为我每次都必须骑到马背上，因为那是人们想看的。他们花了很多钱来观看这个无所畏惧的牛仔。然而，随着年龄的增长，我发现自己正在犹豫要不要骑上一匹刚刚上过鞍的野马。在几次骨折之后，我承认我比以前更害怕被马摔下来。我老了，动作慢了，也更脆弱了。再说了，我并不总是觉得马已经准备好了。通过多次进行训练，它们会学会更多地信任别人，更有可能平静地接受骑手。我不是马戏团演员，我是驯马师。

我告诉自己："我这么做，首先是为了马。"

所以有一天，我决定告诉观众我的感受。我向他们解释说，那天我不太想骑马，因为马还没有准备好，我也没有准备好。我开玩笑地说，我已经不像以前那么年轻了。我的脑海里响起了我聪明的妻子简的声音："他们没有任何期望，所以不要冒不必要的风险。你不需要给他们留下深刻印象，他们已经对你印象深刻了。"但对我来说，我很难克服自己需要证明一些东西的想法。事实上，我大错特错。后来人们来找我，告诉我他们非常欣赏我的诚实，也很高兴我没有骑马。我向他们展示了我的另一面，他们因此更加信任我。

2008年的夏天，有一群人来到我的农场，我感到特别有压力，必须给他们留下好印象。那是一群来自美联储的领导者。这是到那时为止我合作过的最引人注目的团队，我比平时更紧张。那天晚上我打算用的那匹马是我从我的朋友史蒂文·米尔沃德（Steven Millward）那里借来的，我对它不太了解。当我开始演示的时候，我就知道事情不会一帆风顺。那匹马的反应和大多数马不一样。也许是它过

第十二章 展示你的另一面

去经历了什么，也许是它察觉到了我的紧张。不管是什么原因，它封闭了自己，隐藏了自己的情绪，对我的训练毫无反应。

"这行不通。"当我看着围栏周围的一张张面孔时，我脑海里冒出了声音。在我看来，他们表现出怀疑、无聊和挑剔，尽管这可能都是我的臆测。

我很想给马施加更大的压力，争取一个结果。但我知道，如果我骑到它的背上就会出问题。我不想为了演示而伪装。

"格兰特，"我坚定地告诉自己，"只要坚持做正确的事，事情就会解决。告诉他们真相吧！"

我放开马，向观众讲话。"听着，听着，我跟这家伙沟通有困难。它有些问题我不太明白，我想我需要比平时多一点时间。我们先休息一下，你们先吃点东西，过一会儿再来找它。"突然之间，他们似乎不再那么主观了。我感觉到他们很欣赏我说的话。

吃过晚饭后，他们再次聚集在围栏周围。几分钟内，那匹马的情绪开始融化。它低下头，下巴松弛下来，眼睛开始眨动。它从强硬和愤怒变成了温柔和心甘情愿。我只是瞥了一下那匹马，就足以让我觉得已经准备好骑在它的背上了，它以信任回应了我。

演示结束后，我站在马旁边，思考着我从中学到的东西。做正确的事,事情就会解决。我决定把这个消息告诉美联储的人。我不知道那个夏天他们的地平线上正在酝酿着什么风暴。退一步说,这将是充满挑战的一年。在金融危机爆发后的几年里,他们确实两次回到了农场,而我对这两次造访的态度要轻松得多。

这样的经历一次次地教会了我做真实的自己,这样才会强大!神坛并不是安全之所,当你为了挽回面子而保持平衡时,很容易从神坛上跌落下来。你最好脚踏实地,坚持诚实和透明。多年来,我遇到和共事过的许多优秀的、深受爱戴的领导者都证明了这一真理。他们不会隐藏自己的弱点、伤口或恐惧。他们是脆弱的。他们会分享自己的错误,也不会太骄傲,而是肯承认自己的错误。

"尊荣之前,必有谦卑"

我有幸认识的令人印象深刻、真诚的领导者之一是一个叫布拉德·史密斯(Brad Smith)的人。我们相识于2018年,他是科技公司财捷集团的CEO,该公司派了一群优秀的员工去蒙大拿州参加颁奖之旅,其中包括我的马语演示。布拉德和他的团队受到了这次经历的影响,后来我被邀请到沃斯堡与公司的其他人一起工作(包括茜茜·莫肯，我在第十章中分享了她的故事）。

见到布拉德时，首先给我留下深刻印象的是他浓重的西弗吉尼亚州口音，这可能无法迎合你对硅谷科技领袖的期望。但这也是他追求真实的标志，他说他的口音来自他的父母。

"我的父母都没有机会上大学，"他告诉我，"事实上，我的父亲没有读完高中。但经过多次试验和失败，我父亲当上了我们家乡的镇长。我的家乡是西弗吉尼亚州的一个小地方，常住人口只有3000人。在美国国庆节假期，我回到家，看着父亲在市镇广场上发表演讲，红色、白色、蓝色三色的旗帜飘扬，人们坐在外面的草坪椅子上。在那次演讲中，他用了大约12次'不'字。"

布拉德回忆说，演讲结束后，他把父亲拉到一边，问他是否愿意接受一些意见。

"我当然愿意，儿子。"父亲回答说。

于是布拉德问他："既然您不让我和我的兄弟们在餐桌上说'不'，那您为什么演讲时要用这个字眼呢？"

他的父亲便以反问作答："你是想帮我变得更好吗？还是你觉得尴尬？"布拉德承认两者都有。

"好吧，儿子，"他的父亲说，"让我帮你做点事吧。这就是我。如果你环顾四周，你会发现很多人都和我一样。如果他们认为我不完美也能当上镇长，也许他们也会认为自己也能当上镇长。"

"记住,"他接着说,"人们更喜欢有缺点的领导者。我们是对自己最苛刻的批评者,但如果我们看到一个不完美的人也能取得成就,那么,也许我们会相信自己。"

布拉德认为就是这个例子帮助他开始接受真实的自己。然而,当他开始自己的商业生涯时,其他人并不总是这么接受他。最初,有一位老板告诉他,他的口音让他听起来不懂世故,并把他送到了声乐教练那里。布拉德回忆说,另一位主管说"他要帮我驱逐我的乡巴佬气质"。幸运的是,这没有起作用。布拉德了解到,用他的行业术语来说,"这不是一个故障,而是一个功能。它成为了一种区别、一种区分、一种帮助我脱颖而出的东西"。他为自己的出身感到自豪,坚信领导者重要的品质之一就是真实。这意味着他要展示自己的方方面面,包括他的民间风格。他对自己的缺点直言不讳,因为他希望这些缺点能激励别人。

他说:"我希望人们看着我说,'哇,如果他能做到,而且他有那么多缺陷,也许我也能做到。'"

布拉德给我看了他一直戴着的马歇尔大学毕业戒指,这是他父母送给他的圣诞礼物,就在他父亲意外死于心脏病发作的前一天,年仅58岁。这让他想起了他的父母为了供三个儿子读完大学所做的承诺和牺牲,以及他们对这一成就的骄傲。他说:"我和兄弟们戴这些戒指有两个原因。

因为我们有一对信守承诺的父母，还因为我们为自己的家乡感到骄傲。这提醒我们要把爱传递出去。"有一次，他正在为一本杂志拍摄特写，摄影师问他："你能把戒指摘下来吗？"

"为什么？"布拉德问道。

"因为我的编辑不喜欢闪闪发光的东西。"

布拉德摇摇头说："对不起，戒指拿不下来。"因为这个戒指是他身体的一部分。

和布拉德交谈，看着他和他的团队互动，让我想起了我最喜欢的《圣经》中的一句话："尊荣之前，必有谦卑。"⊖他显然是一位受到人们尊敬和尊重的领导者，但这并不是因为他要求自己这样做或把自己放在神坛上。恰恰相反，他给我的印象是一个谦逊、朴实的人，渴望学习新事物。他对自己作为领导者所定下的基调也非常敏感。当我问他从我的演示中学到了什么时，他没有选择华丽的辞藻，直接回答说，就是我跪在小马面前的泥地上的那一刻。

他说："在我看来，这确实是公仆型领导的典范。这种观念认为，领导者的角色是把自己置于弱势地位，为同事服务。这改变了我的整个方法。"他还喜欢《看一场布道》这首诗，我在演示的最后背诵了这首诗。

⊖ 出自《圣经》之《箴言》15:33，所罗门所说。

他解释说:"这真的让我印象深刻,因为当我第一次担任 CEO 的时候,我学到的一件事就是,突然之间,你长高了 6 英寸(1 英寸 = 0.025 米),你的笑话更有趣了,你变得更帅气了。你做的每件事,不做的每件事,甚至你的面部表情,都在向组织传递某种信号,不管你是有意还是无意。重要的不是你说了什么,而是你做了什么,你把时间花在了哪里,你如何应对危机,这些对你的同事来说,才是最强音。你背诵那首诗的那一刻,让我意识到我的行动总是比我的言语更有说服力,我需要让自己达到那个标准。"

当布拉德在 2018 年决定从 CEO 的职位上退休时,我有机会帮助他的团队向他们的领袖致敬。他们租了沃斯堡的旧畜牧场,用电影《马戏之王》(*The Greatest Showman*)的开场戏给了布拉德一个惊喜——全套马戏团服装,杂技演员,甚至还有一个吞火表演者。布拉德勇敢地穿上红金色相间的燕尾服,和几百名财捷集团员工一起惊讶地观看了这场表演。这不是一场普通的退休派对,从队员们为纪念他们的领袖所做的一切中,你可以感受到他们对他真诚的爱和尊敬。然后,他们揭开了下一个惊喜:马语演示。布拉德看起来很高兴,他来到我们准备好的圆形围栏旁边,仍然穿着红金相间的燕尾服,这让他看起来有点像一个玩具士兵。他热情地握了握我和简的手，然后坐在前排座位上。大约有 600 人坐在他身后的看台上。我很紧张，这几乎是我参加过的最真实的马戏团表演。我知道我为此付出了多少努力、多少代价，我不想把它搞砸了。

"好了，开始吧。"我心想。接着我深吸一口气，张开嘴，开始自我介绍，然后我很快意识到没有人能听到我说话。尽管我仔细检查了声音设备，我的麦克风还是坏了。茜茜跑过来，把她的无绳话筒递给了我，我便重新开始了。我曾经和一匹两岁大的小母马一起工作，让在场的每个人都有机会看到一些实践中的教训：让正确的事变容易，让错误的事变难。尊重最微小的努力和最细微的改变。慢慢索取，快快给予。总是见好就收、尽欢而散。演示结束后，我和布拉德一起在舞台上进行了一次"炉边谈话"。在我们之前的会面中，他一直是问我问题的那个人；现在我很高兴角色互换了，我有机会问他一些关于他的领导智慧的问题。我的工作中存在着一件有趣的事情——人们来找我学习领导力，但我经常发现自己从他们那里学到了同样多的东西，尤其是像布拉德这样伟大的领导者。当我踏上这段旅程时，其实我并不奢望这些，但现在它们是我深深珍视的东西。

不要把善良错当成软弱

在回答我的开场问题时,布拉德分享了他对公仆型领导的定义:"我一直认为,对领导力的定义不是把伟大赋予人们,而是认识到伟大已经存在于我们每个人的身上。我们的工作就是找到一种方法,让这种伟大发挥出来。公仆型领导就是把自己投入到为他人服务中去,为他们创造一个环境,在那里,他们可以表现得自然、真实,并允许他们发现自己内在的美丽天赋,向个人灌输信念和信心,让他们相信自己是世界所需要的最好的东西,他们只需要成为最好的自己。如果有任何东西挡道,公仆型领导的工作就是消除这些路障。"

"关于领导力,你学到的最好的一课是什么?"我问布拉德,"你每天都在试着过那种生活吗?"

他的回答是:"不要把善良错当成软弱。"当我请他进一步说明那句话时,他又回到了马的问题上。"就像你说的,对待马,请尽力温柔,但必要时尽量坚定。你不想打击马的精神。在此基础上,你需要设定界限,你需要尊重,但你也需要友善,让马知道它们在你身边是安全的。"这是他从父亲那里学到的另一个教训。

"他和我分享的是，你可以在问题上强硬、在政策上强硬、在税收上强硬，但你必须始终善待每个人。我从来不认为做一个强势的领导者就意味着做一个严厉的领导者。"他还记得财捷集团的董事长、传奇教练比尔·坎贝尔（Bill Campbell）曾经说过："你的头衔让你成为一名管理者，你的下属将决定你是否是一名领导者。"布拉德补充说："对我来说，我认为赢得领导力的最大品质就是谦逊。"

在我们的谈话结束时，布拉德收到了一块漂亮的手工制作的皮革牌匾，上面写着我的驯马哲学中他最喜欢的一些信条。他告诉我，直到今天，它仍挂在他的办公室里，就挂在公司的价值观箴言的旁边。

我很荣幸自己可能影响了布拉德这个伟大的领导者。但说实话，我认为我的驯马哲学之所以能与他产生如此深刻的共鸣，是因为它与他本来的样子很相符。我用来训练马的原则和他领导公司的方式非常相似，这些原则也反映在他周围的文化中。我可能会用一种特殊的方式把这些原则表达出来，而这些马可能会帮助我记住这些教训。但归根结底，这些都不是"我"的想法，它们是我在各行各业的伟大领袖及伟大的父母、老师和教练身上看到的经久不衰的原则。我从来到农场的领导者那里学到的东西和他们从我身上学到的一样多，也许更多。

伟大的领导者知道何时应该放手

布拉德很早就退休了（虽然"退休"是一个相对的术语，但他仍然担任财捷集团的执行董事长）。他决定移交权力时才 54 岁。"我总是说，当我的问题比答案还多的时候，我知道是时候该退休了。我从来不想让自己觉得自己的答案比问题多，因为没人想和那样的人在一起，也没人能在那样的人身边成长，所以我想保持对知识的好奇心。"他还想从事他认为有责任服务的其他事业，包括创立非营利组织 Wing 2 Wing Foundation，以促进他的家乡阿巴拉契亚地区的创业精神和平等机会。

布拉德的退休让我想起了我认识的另一位优秀的领导者，那就是老马斑叔，它也快退休了。我忠实的伙伴现在 26 岁了，它领导自己的马群和我合作演示的时间比布拉德领导财捷集团的时间还长。这些天来，它的皮毛几乎是纯白色的，背部开始有点下垂。我第一次见到老马斑叔的时候，它才 3 岁，当时它的皮毛是深灰色的。现在见过它的人都不相信它过去的模样，直到我给他们看那幅挂在谷仓里的画。

我经常问自己，老马斑叔什么时候才能退休。我希望它准备好了会告诉我，或者我希望自己足够聪明能知道。老马斑叔热爱它的工作，而且做得很好，我不知道拿什么来取代它。它不仅会协助我进行企业演示，还热衷于婚礼演示。它是一匹出了名的喜欢把头伸进镜头里，试图抢新郎风头的马。摄影师们信誓旦旦地说，老马斑叔完全可以领悟他们的指示和姿势。

老马斑叔也是马群里的伟大领袖。它知道善良不是软弱的表现，它对小马驹们温柔而坚定。马群会跟着它去任何地方，但它们必须跟在它后面，所以这些天它们都走得很慢。人们问我："老马斑叔退休后你打算做什么？"我回答说："我也要退休了！"像老马斑叔这样真正伟大、真实的公仆型领导者是很难找到的，更难以取代。

但和布拉德一样，我也仍然觉得自己有义务为国效力。我期待着有一天，我可以把火炬传递给下一代，我生命的天花板成为我和简的孩子和孙辈可以站立的平台。我们生活的这片土地上的永恒之美哺育了一代又一代的人，我相信我们在这里教授的原则及其对人们生活的影响也会比我们存在的时间更长。就像雄伟的提顿山脉一样，我希望在我放下马鞭很久之后，它们还能继续激励和鼓舞着我。

鸣 谢

我将永远感激那些伟大的骑士,他们让我学到了我在本书中分享的驯马哲学和许多实践:雷·亨特,他向我展示了一条更好的道路;汤姆·多兰斯,他拥有谦逊的智慧;汀克·艾洛迪,他与我合作很有耐心;大卫·冈萨雷斯(David Gonzales),他给了我一些指导;威廉·德瓦恩(William Devane),他把我介绍给了雷·亨特。

我很感激找到了一个写作伙伴,艾伦·戴利(Ellen Daly),与她一起工作很愉快,她也以极高的专业精神和专业知识来指导这个项目。她很擅长捕捉我的声音,能把每个故事的精髓展现出来。我还要感谢杰米·费里(Jaime Feary),他帮助我完成了我的第一本书,他讲故事的技巧也体现在这本书中。

如果没有我的继子卢克·朗(Luke Long),这本书就不会诞生,他从一开始就支持我的这个想法,并推动它成为现实。我们的好朋友科迪·H. 卡洛林(Cody H. Carolin)同样发挥了作用,我很感激她的支持和洞察力。

鸣谢

在发行方面,我有幸拥有一支出色的团队。我的经纪人吉姆·莱文(Jim Levine)很早就看到了这个项目的潜力,并用稳健的手把它交给普特南的一位热爱马的编辑:米歇尔·霍瑞(Michelle Howry)。米歇尔在编辑建议方面既敏感又明智。我也感谢考特尼·帕格内里(Courtney Paganelli)、阿什利·迪戴奥(Ashley Di Dio)和莱文·格林伯格·罗斯坦(Levine Greenberg Rostan)和企鹅兰登书屋团队的关心及其提供了专业知识。

农场的美丽总是吸引着有才华的摄影师,他们中的许多人成了我的朋友。克里斯·道格拉斯(Chris Douglas)在我们刚开始工作时就进入了我们的生活,从那以后就断断续续地成了我们生活的一部分。我们感谢他对本书的贡献。一张图片胜过千言万语,我们再也找不到比安德鲁·J.巴尔登(Andrew J. Bardon)这张引人注目的照片更好的封面了。卡莉·巴特勒(Carly Butler)、约翰·巴尔森(John Balsom)和赫克托·佩雷斯(Hector Perez)也通过他们的镜头捕捉到了我的作品的精神。

最重要的是,我要感谢我的家人。我的孩子们——塔拉、卢克和彼得——他们教会了我很多,让我把从马身上学到的教训应用到了育儿上。我的儿媳劳伦和卡比,还有我的孙子阿特拉斯和沃尔特,给了我未来的希望和灵感。

还有我的妻子简，她的坚持、坚决和坚毅，让本书的诞生成为可能。

最后，我要感谢所有在我的书里分享故事的人，无论是马还是人，都让我感激不尽。正是我每天目睹的变化激励着我继续做我所做的事情。是你们让这本书值得一写——而且，我希望，你们会认为这本书也值得一读。